rororo aktuell Essay – Herausgeber
Ingke Brodersen · Freimut Duve

WALTER JANKA

Schwierigkeiten mit der Wahrheit

Rowohlt

19.–33. Tausend November 1989

Originalausgabe
Veröffentlicht im Rowohlt Taschenbuch Verlag GmbH,
Reinbek bei Hamburg, Oktober 1989
Copyright © 1989 by Rowohlt Taschenbuch Verlag GmbH,
Reinbek bei Hamburg
Alle Rechte vorbehalten
Umschlaggestaltung Jürgen Kaffer / Peter Wippermann
(Foto: Thomas Räse)
(Fotos S. 8 und S. 112 privat)
Satz Baskerville (Linotron 202)
Gesamtherstellung Clausen & Bosse, Leck
Printed in Germany
1000 ISBN 3 499 12731 8

INHALT

Der Minister   7

Die Verhaftung   43

Der Prozeß   79

Wer ist Walter Janka?   113
Eine biographische Notiz von Michael Rohrwasser

DER MINISTER

«Zu allen Zeiten hat es Schriftsteller gegeben, die gegen staatliches Unrecht aufgetreten sind. Was sie größer machte. Um so mehr, wenn sie dafür Opfer bringen mußten. Für die Zeit des Hitlerfaschismus konnte das auch Becher in Anspruch nehmen. Freilich nur in seiner Haltung zum Faschismus. Den Terror Stalins hat er zu keiner Zeit öffentlich verurteilt.

Mit diesem Rückblick mache ich keinen Abstrich an Bechers poetischem Werk. Nicht einmal an seinem Wirken als Minister. So manches Gedicht von ihm lese ich noch immer mit Respekt. Und seine Nachfolger im Ministerium halten keinen Vergleich zu ihm aus. Aber sein Charakter als Mensch, seine Wahrheitsliebe als Politiker machen mir Schwierigkeiten.»

*Walter Janka mit Georg Lukács
in Berlin im Aufbau-Verlag.*

Thomas Mann schrieb aus Anlaß des 60. Geburtstages von Johannes R. Becher: «... Mehr noch, oder fast mehr noch als den Poeten und Schriftsteller liebe und ehre ich in Johannes R. Becher den Menschen – dies drängend bewegte, von innigen Impulsen getriebene Herz, das ich mir bei so mancher Begegnung entgegenschlagen fühlte – eine persönliche Erfahrung, die eine fortdauernde Ergriffenheit von seiner Natur, seiner Existenz in mir zurückgelassen hat. Als sein Wesen empfand ich eine Selbstlosigkeit, rein wie die Flamme, und verzehrend wie sie; eine bis zum Leiden inbrünstige Dienstwilligkeit... sein Drang zum Dienst an der Gemeinschaft, dem Volke, ist – man lese nur seine Gedichte – zuerst und zuletzt der heiße Wunsch, seinem Volke, dem deutschen, zu dienen und ihm ein liebevoller, getreuer Berater nach bestem Wissen und Gewissen zu sein...»

Dieser Wertung lassen sich Essays und Reden von Georg Lukács, Paul Rilla, Heinrich Mann, Berthold Viertel, Bert Brecht, Günter Weisenborn und anderen hinzufügen. Auch Wilhelm Pieck und Walter Ulbricht griffen zur Feder.

Pieck schrieb: «... Stalin, der große Führer des Lagers der friedliebenden Völker, nannte die Schriftsteller ‹Ingenieure der menschlichen Seele›... Johannes R. Becher ist in seinen Gedichten, Liedern und Reden ein ‹Ingenieur der menschlichen Seele› im Stalinschen Sinne...»

In dem von Ulbricht gezeichneten Beitrag heißt es: «... Johannes R. Becher ist ein glühender Verteidiger der

Einheit eines demokratischen Deutschlands. Er ermahnt die deutschen Dichter, dessen eingedenk zu sein, daß ‹eine große deutsche Dichtung nur auf dem Boden eines freiheitlich geeinten Deutschlands gedeihen kann›… Geteiltes Deutschland ist friedloses Deutschland, und wie die Teilungen Polens Europa nicht den Frieden ließen, so würde erst recht nicht die Teilung Deutschlands zur Befriedung der Welt beitragen.»

Die drei Zitate machen Zeit und Wirkung von Becher ohne Umschweife deutlich. Auch das persönliche Verhalten. Und nur über letzteres wird in diesem Zusammenhang die Rede sein.

Als Nationaldichter verstanden, als Kulturminister geschätzt, hatte er dazu auch noch den Vorsitz der Akademie der Künste, des Kulturbundes, des PEN-Zentrums übernommen. Und natürlich war er Mitglied des Zentralkomitees der Sozialistischen Einheitspartei und Abgeordneter der Volkskammer. Alles auf einmal.

«Mehr als den Poeten und Schriftsteller liebe und ehre ich den Menschen.» Die hervorgehobene Nähe zur Person, bei gleichzeitiger Distanz zum Werk, zeugen von Respekt und verhaltener Kritik.

Daß sich Becher im Stalinschen Sinne verstand, ist gewiß. Sein Werk, sein Tun, seine politische Gesinnung zeugen davon.

Thomas Mann mag man verzeihen, daß er das aus der geographischen Ferne nicht erkennen wollte. Wir aber, die wir in Bechers Nähe gearbeitet, zu Werkzeugen oder Opfern seiner Größe wurden, haben Gründe, kritischer zu sein. Als Dichter wäre Becher groß genug gewesen, um spätestens nach dem XX. Parteitag der KPdSU die Stimme gegen Unrecht zu erheben.

Zu allen Zeiten hat es Schriftsteller gegeben, die gegen

staatliches Unrecht aufgetreten sind. Was sie größer machte. Um so mehr, wenn sie dafür Opfer bringen mußten. Für die Zeit des Hitlerfaschismus konnte das auch Becher in Anspruch nehmen. Freilich nur in seiner Haltung zum Faschismus. Den Terror Stalins hat er zu keiner Zeit öffentlich verurteilt. Auch wenn es um die Deportierung oder Erschießung von Intellektuellen ging, die Becher persönlich gut kannte, schwieg er.

In seinen Schriften war er schonungslos gegen jene zu Felde gezogen, die sich in der Nazizeit angepaßt, gegen Terror blind oder taub gestellt haben. Das war verdienstvoll. Nachdem er aber selbst Gelegenheit fand, seine Macht gegen Unrecht einzusetzen, widerfuhr ihm, trotz aller Unterschiede, Gleiches. Mehr noch. Er nahm Ungesetzlichkeiten auch nach dem XX. Parteitag widerstandslos hin. Wenn es einmal dazu kommen sollte, Einblick in die Staats- und Parteiarchive zu nehmen, werden es die Literaturwissenschaftler schwer haben, die Persönlichkeit eines so prominenten Literaten gerecht einzuordnen.

Seit dem XX. Parteitag wissen wir, daß jeder, der es wagte, gegen den Terror unter Stalin aufzutreten, gefährdet war. Dieser Umstand darf nicht vergessen werden. Trotzdem muß man fragen, wie sich Bechers Verhalten mit seinem Gewissen vereinbaren ließ. So kannte er den *Prawda*-Korrespondenten Michael Kolzow gut. Er war mit ihm befreundet, wußte, daß Kolzow niemals ein Agent gewesen sein konnte. Trotzdem schwieg er, als dieser Mann umgebracht wurde. Öffentlich hat Becher sogar die Prozesse gegen alte Genossen gerechtfertigt. Auch noch die Prozesse der Nachkriegszeit. Bis hin zum Prager Slansky-Prozeß 1952, in dem André Simone fälschlich als Trotzkist, Spion und Agent der Juden zum Tode verurteilt worden war. Wieder wäre Becher befähigt gewesen, Simones Unschuld nachzuweisen. Viele Jahre hatte er mit ihm zusammengearbeitet, hatte Einblick in dessen Tätigkeit gehabt; und hatte damals schon gewußt, was Franz Dahlen in den siebziger Jahren über Simone veröffentlichte.

Auch Anna Seghers stand Becher in ihrem Schweigen nicht nach. Der Fall Merker bestätigt das.

Als dieser Altkommunist 1951 aus dem Polit-Büro ausgeschlossen wurde, brach sie ihr Schweigen. Mit dubiosen Aussagen belastete sie Merker als Noel Field-Agent, sprich amerikanischen Agenten.

Nach zwanzigjähriger Zugehörigkeit zum ZK der KPD und nach dreijähriger Untersuchungshaft wurde Merker 1955, wenige Monate vor dem XX. Parteitag, vom Obersten Gericht der DDR als Agent des amerikanischen Geheimdienstes, Agent der Gestapo, Agent des französischen Geheimdienstes und Agent des Weltjudentums zu acht Jahren Zuchthaus verurteilt. Schon 1956 mußte er rehabilitiert werden. Und da fiel Anna Seghers wieder ins Schweigen zurück.

Bechers Verhalten unterschied sich in dem Maße, in dem er als Mitglied des ZK der SED allen Beschlüssen gegen Merker seine Zustimmung gab. Wohl muß ihm dabei nicht gewesen sein. In mehreren Gesprächen mit mir in seinem Landhaus wollte er immer wieder meine Meinung über Merker hören. Als ich ihm unumwunden erklärte, daß ich alle Beschuldigungen gegen Merker für unwahr halte, widersprach er nicht. Sein Credo lief darauf hinaus, daß es in der Politik nicht ohne solche Vorgänge abgehe. Justiz sei immer ein Mittel der Politik gewesen.

Die Ereignisse in Polen und Ungarn beeinflußten auch das Denken der Schriftsteller. Besonders das Verhalten von Becher und Seghers zu Georg Lukács, der 1956–57 lebensgefährlichen Situationen ausgesetzt war.

Man kann sagen, daß unsere Schriftsteller nicht alles wissen können, nicht immer Einblick in die wirklichen Verhältnisse haben; und daß sie deshalb zu falschen Schlußfolgerungen kommen. Das trifft sicher auf einige zu. Aber auch auf Anna Seghers und Johannes R. Becher? Ich kann das nicht glauben. Wenn sie es wollten, waren sie gut informiert.

Ein Gespräch am Kaffeetisch von Anna Seghers machte mir das sehr deutlich. Noch vor dem Aufstand in Ungarn fragte ich, warum sie ihr letztes Buch Rákosi gewidmet habe. Nichts in diesem Buch hätte doch etwas mit Ungarn zu tun. Sie antwortete: «Ich war mit Rodi zu Gast bei Rákosi. Er hat uns mehrere Tage freundschaftlich bewirtet und viel über sein Land erzählt. Dafür wollte ich dankbar sein.»

Ein paar Wochen später, nachdem Rákosi in die SU geflohen war, erzählte sie mir die Fortsetzung ihrer Erfahrungen. Sprach mit seltener Erregung, bemüht, eine Erklärung für Rákosis Sturz zu finden. Zu meiner Überraschung ging es da aber nicht um Politik. Nein, es ging um ein Kind. Laut Bericht einer Freundin hätte unlängst ein Junge vor dem Zaun des herrlichen Parks, in dem Rákosi seinen Wohnsitz hatte, mit einem Ball gespielt. Irgendwann sei der Ball über den Zaun gefallen, und da wäre das naive Kind über die Umzäunung geklettert, um sich den Ball wiederzuholen. Zum Entsetzen der Anwohner hätten die Wachposten sofort geschossen. Ohne sich zu vergewissern, wer da über den Zaun kam. Und das Kind sei sofort tot gewesen.

Sie folgerte, daß wohl solche Vorkommnisse dazu beigetragen hätten, das Volk zu verbittern. Diese Einsicht war richtig. Aber aus den politischen Prozessen gegen zahllose Genossen, die unter Rákosi gehenkt wurden, zog sie noch immer keine Schlüsse. Und in ihren späteren Arbeiten findet sich nichts über das erschossene Kind. Wäre es nicht einer literarischen Aufarbeitung wert gewesen? Nur die Widmung ließ sie in den Nachauflagen streichen.

Die von den Volksmassen hinweggefegte Rákosi-Regierung hinterließ im Oktober 1956 ein Chaos. Niemand wußte, wie sich eine neue Regierung konstituieren soll. Bis Imre Nagy, ehemals Emigrant in der SU, einst selbst den Intrigen Rákosis ausgesetzt, eine neue Regierung bildete und auch Lukács zu einem seiner Minister ernannte.

In Berlin war man ratlos. Viele fürchteten, daß die Aufstände in Polen und Ungarn über die Grenzen ausufern würden. Der 17. Juni 1953 in der DDR war noch nicht vergessen. Und die westlichen Medien trommelten mit Informationen über das Morden in Ungarn. Auch über das Eingreifen sowjetischer Truppen, was schließlich mit der Niederschlagung des Aufstandes und der Verhaftung von Imre Nagy, samt allen Mitgliedern seiner Regierung, enden mußte.

Bevor es zu diesem Ende mit Schrecken kam, geschah in Berlin etwas, was wir vorher nicht erlebt hatten. Viele Schriftsteller und Intellektuelle waren verunsichert. Mehr als nach dem XX. Parteitag. Offenbar unterscheiden sich Volksbewegungen von unten, die in Ungarn und Polen die Ursache für den Zusammenbruch waren, von politischen Kehrtwendungen, die von oben gesteuert werden.

Aufstände, egal durch welche Umstände begünstigt, bewirken nicht nur innenpolitische Veränderungen. Fast immer werden andere Länder angesteckt. Und wenn die Sowjetarmee den Aufstand nicht niedergeschlagen hätte, wäre es mit Sicherheit, wie das 1968 die Dubček-Bewegung abermals bewies, dazu gekommen. Mindestens aber zwingen solche Erhebungen zum Nachdenken auch in anderen Ländern. Und manchmal wecken sie das Gewissen von Leuten, die sonst zufrieden sind oder hilflos den Ereignissen gegenüberstehen. Wenigstens so lange, wie der Ausgang von Revolten nicht entschieden ist.

Das von außen erzwungene Nachdenken der Intellektuellen war da keineswegs einheitlich. Die Gruppe um «Kuba», Kurt Barthel, sah die Rettung in noch mehr Unterdrückung aller, die an den festgefahrenen Dogmen zu rütteln wagten. Und so war die Verteufelung jener, die für das Aufbegehren der Arbeiter Verständnis zeigten, maßlos.

Nicht so übereilt reagierten Anna Seghers und Johannes R. Becher. Sie verhielten sich abwartend. Dann zeigten sie Bereitschaft, über Fehler in der Vergangenheit zu diskutieren. Nicht in den offiziellen Gremien der Partei oder des Verbandes, gar in der Presse. Nein, nur im engeren Kreis von Freunden. Aber das war schon etwas. Ob sie es zur eigenen Beruhigung taten oder die Notwendigkeit erkannten, endlich von ihrem Einfluß Gebrauch zu machen, läßt sich mit Bestimmtheit nicht sagen. Möglich ist, daß beides eine Rolle spielte.

Wir jedenfalls, die Mitarbeiter von Becher und Seghers, fühlten uns durch ihre Bereitschaft, über die Dinge zu reden, ermuntert und bestärkt. Wir sprachen aus, was uns bedrückte, was wir zum Nutzen der sozialistischen Entwicklung für unerläßlich hielten. Und sehr bald wurden die seit dem XX. Parteitag im Aufbau-Verlag geführten öffentlichen Diskussionen mit intellektuellen Mitarbeitern und Autoren zu einem Forum positiver Aussprachen. Auf viele Fragen mußten Antworten gefunden werden. Und selbstverständlich wurden Vorschläge in die Diskussion eingebracht, die nicht mit den Erklärungen der Parteiführung übereinstimmten. Nachbetereien gab es anderen

Orts genug. Nur keinen Meinungsstreit! Aber der war bitter nötig. Und genau das war unser Anliegen. Dabei gelang es durchaus, die Diskussionen, an denen zahlreiche Parteilose beteiligt waren, in eine Richtung zu lenken, die wir für richtig hielten. Unsere Sache war, darüber gab es keinen Zweifel, die sozialistische Umgestaltung in der DDR.

Vereinfacht könnte gesagt werden, daß wir über die Formen sozialistischer Demokratie gestritten haben, um den zum Hindernis gewordenen Begriff «proletarische Diktatur» abzulösen. Dem müßte hinzugefügt werden, daß wir vor allem den unter diesem Deckmantel praktizierten Mißbrauch der Macht kritisierten. Alle späteren Behauptungen, wir hätten mit diesen Diskussionen die Konterrevolution vorbereitet, waren falsch. Sie dienten der Irreführung und Einschüchterung.

Und wem diente der Minister für Kultur, der unsere Diskussionsabende im Aufbau-Verlag als richtig und nützlich bezeichnet, der sich angeboten hatte, an diesen Gesprächen teilzunehmen, sie durch seine Persönlichkeit zu bereichern? Voll des Lobes und äußerst befriedigt hatte er seine Genugtuung über die konstruktive Art erklärt, mit der wir an die Kritik des Zeitgeschehens herangingen. Am Ende eines Auftrittes im Aufbau-Verlag hatte er in aller Form darum gebeten, ihn zu weiteren Gesprächen einzuladen. Später, nachdem die Ansätze zu freier Meinungsbildung zerschlagen waren, sollte er auf einer Kulturkonferenz der SED am 23. Oktober 1957 erklären. «So war bekannt, welche Stimmung im Aufbau-Verlag herrschte und daß bei einer Betriebsgewerkschaftswahl unsere Genossen in den Hintergrund abgedrängt wurden. Ich wurde zu einem Forum im Aufbau-Verlag eingeladen, und es war unschwer zu spüren, daß ich hier eine Gruppe von Genossen vor mir hatte, die gekommen waren, um mir eine Falle zu stellen.

Jede Frage war gewissermaßen eine Fangfrage. In dem Augenblick, in dem ich zur Offensive überging, wichen sie zurück und wichen aus. Aber dessenungeachtet hätte diese Stimmung mir genügen müssen, um zu veranlassen, eine ideologische Bereinigung unter den Mitarbeitern des Aufbau-Verlages vorzunehmen. Ich bin dieser prinzipiellen Auseinandersetzung ausgewichen und habe dadurch zweifellos zur Aufweichung das Meine beigetragen.»

Bei den letzten Betriebsgewerkschaftswahlen waren die vorgeschlagenen Genossen ohne Eingriffe von der Verlagsleitung oder irgend jemand anderem und ohne Abstriche gewählt worden. Von einem «Abdrängen unserer Genossen» konnte nicht die Rede sein. Erst Becher hat diese Mär erfunden.

Ebenso unsinnig war die Behauptung von einer Gruppe Genossen, die dem Minister «Fangfragen stellen wollten». Ich erinnere mich, daß es Becher war, der sogenannte Fangfragen stellte. Und zwar deshalb, «weil er die gestellten Fragen zu harmlos fand», und, wie er mir ins Ohr flüsterte, «den Teilnehmern die Zungen lösen wollte, damit ein richtiges Gespräch in Gang komme».

Um den Zuhörern Mut zu machen, sagte er: «Ihr könnt ganz frei und offen sprechen. Ich versichere, daß hier kein Angehöriger der Staatssicherheit zugegen ist, der euch wegen heikler Fragen Schwierigkeiten bereiten könnte. Also sagt ungehemmt eure Meinung.» Und erst nach dieser Aufforderung lockerte sich das Gespräch auf. Als Becher nach Ende der Diskussion den Verlag verließ, dankte er mir für den erfolgreichen Abend und lobte mit seiner Frau, die an diesem Forum teilgenommen hatte, die «wohltuende Atmosphäre im Verlag». «Macht weiter so. Ihr seid auf dem richtigen Weg.»

Das waren seine Worte zum Abschied.

Als ich Becher zum erstenmal gegenüberstand, Anfang der 50er Jahre, im Ministerium für Kultur, hatte ich schon viel über ihn gehört. Wie jeder, der kulturpolitisch tätig war. Mein Verhältnis zu ihm wurde durch seine Persönlichkeit bestimmt. Er duzte mich. Ich sagte immer Sie. Obwohl er mich wiederholt aufforderte, das Sie zu unterlassen. Ich blieb trotzdem dabei. Warum ich Becher immer mit Sie angesprochen habe, kann ich nicht erklären. Mit Anna Seghers, Friedrich Wolf, Willi Bredel, Erich Weinert, Georg Lukács, Ernst Bloch, Leonhard Frank, Günter Weisenborn, und wie sie alle hießen, duzte ich mich. Nur mit Becher ging das nicht. Auch in seinem Haus am Scharmützelsee, wo ich wenigstens einen Tag in jedem Monat zubringen mußte, blieb es beim Sie. Auch dann noch, als er mir seine Pistolen und Kleinkalibergewehre zeigte, mit ihnen in die Luft schoß, amüsante Geschichten über die Wildschweinjagd erzählte und fragte: «Hast du Lust, einmal mit mir auf die Jagd zu gehen?» Ich antwortete: «Nein, keine Lust! Geschossen habe ich genug.»

Es wäre unrichtig, würde ich sagen, daß mir die Besuche bei ihm lästig waren. Von den Gesprächen mit Becher konnte ich manches profitieren. Viel durchsetzen, was für den Verlag von Nutzen war.

Bei einem der Besuche bemerkte ich ein Zelt im Garten. Direkt vor der Veranda. «Wie kommt denn das Zelt in Ihren Garten? Haben Sie junge Leute einquartiert?» – «Wie kommst du darauf?» fragte Becher zurück. «Das Zelt habe ich gestern gekauft und mit Mühe aufgestellt. Schon immer hatte ich den Wunsch, das romantische Leben im Zelt auszuprobieren.» In der Annahme, daß es sich um einen Witz handelt, sagte ich: «Sie werden doch nicht in einem Zelt schlafen, wenn eine prachtvolle Villa zur Verfügung steht?» – «Und ob, mein Lieber», erwiderte Becher. «Die nächsten Tage schlafe ich im Zelt.»

Eine Woche später, im Ministerium, fragte ich: «Wie waren die Nächte im Zelt?» Er antwortete: «Kalt und hart. Schon in der ersten Nacht bin ich in mein Schlafzimmer zurückgekehrt.»

Um das Verhältnis zu Becher verständlich zu machen, will ich zwei Themen herausgreifen. Die Diskussionen über den XX. Parteitag, den Personenkult, die Ungesetzlichkeiten, den 17. Juni (den Becher nicht nur als Machenschaft des Westens verstand), Paul Merker, André Simone, Lazlo Rajk und andere Personen, die verleumdet wurden, lasse ich aus. Obwohl Becher oft mit mir darüber sprach. Immer wollte er meine Meinung wissen. Legte Wert darauf, nicht um die Dinge herumzureden. Manchmal gab er mir recht. Gelegentlich teilte er meinen Standpunkt. Aber immer unterschied er sich in den Schlußfolgerungen. Und nicht selten wich er Antworten aus. Tröstete mich mit dem Einwand: «In der Realpolitik kann es nicht anders zugehen. Immer gibt es Entwicklungsschwierigkeiten.» Niemals jedoch nahm er zu Fragen Stellung, die sich auf die Sowjetunion bezogen.

Von den Gesprächen nach dem XX. Parteitag im Ministerium, sind mir später die folgenden zum Verhängnis geworden. Becher hatte mich rufen lassen, um ein paar Angelegenheiten zu erörtern, die als Auswertung des sowjetischen Parteitages zu betrachten waren. Er wollte, wie das in allen Ministerien der Fall war, mit Maßnahmen nicht zurückstehen. Die erste Beratung dauerte mehrere Stunden. Gegenstand war die vom Kulturbund im Aufbau-Verlag herausgegebene Wochenzeitung *Sonntag*. Äußerer Anlaß: Ein Exposé über die finanziellen Probleme der Zeitung. Sie verlor immer mehr Abonnenten und benötigte wachsende Zuschüsse aus dem Verlagsgewinn. Aufwand und Erfolg standen in keinem Verhältnis. Und ich folgerte, daß dieser seit Jahren andauernde Zustand nicht länger tragbar sei. Die finanzielle Belastung wäre zu groß, der kulturpolitische Nutzen zu gering. Dann machte ich Vorschläge, wie diesem Übel abgeholfen werden kann. Erstens: Die Redaktion personell zu verändern. Zweitens: Die kulturpolitische Konzeption neu zu fassen. Drittens: Den gesamtdeutschen Charakter der Zeitung herauszuarbeiten, um in der Bundesrepublik Leser zu gewinnen. (1956 waren wir noch auf die Wiedervereinigung Deutschlands orientiert.) Zum Schluß erklärte ich, daß wir in keinem Falle wie bisher weitermachen dürften.

Becher, schon lange mit dem Niveau der Zeitung unzufrieden, schien von meinem Exposé beeindruckt. Das finanzielle Ergebnis war ihm natürlich neu. Um solche Dinge kümmerte er sich zu keiner Zeit.

Zu meiner Überraschung schlug er nach einigem Hin und Her etwas vor, woran ich nicht zu denken gewagt hätte. Deshalb nicht, weil er mit seiner Idee die Bestimmungen zur Herausgabe von Zeitungen völlig in Frage stellte. Ganz plötzlich blieb er beim Auf- und Abgehen in seinem großen Arbeitszimmer stehen und sagte: «Wir sollten den ‹Sonntag› mit einer neuen Zeitung ablösen. Durch eine unabhängige kulturpolitische Wochenzeitung. Nicht mehr an den Kulturbund binden. Als Herausgeber könnten prominente Kulturträger zeichnen.» Und sofort nannte er Namen. Sich selbst einbezogen. Als neuen Chefredakteur schlug er Gerhard Eisler vor. (Eisler war zu dieser Zeit ohne Funktion. Auch er galt als suspekt, wie Merker, Dahlen, Wilhelm Koenen und andere, die aus westlicher Emigration zurückgekehrt waren.) Die Sitzung endete mit dem Auftrag, Eisler zu befragen, ob er die

Chefredaktion übernehmen würde. Und ich sollte mit geeigneten Mitarbeitern einen neuen Titel vorschlagen, ein neues Format bestimmen und ein Herausgeberkollegium benennen. Er würde dann dem Zentralkomitee den von uns formulierten Plan zur Beschlußfassung vorlegen. Ich war beeindruckt und begann mit der Arbeit.

In einer anderen Aussprache ging es um ein nicht weniger brisantes Problem. Schon lange waren Verleger und Schriftsteller mit den Praktiken des *Amtes für Literatur* unzufrieden. Becher war der Meinung, daß dieses Amt überflüssig geworden sei. Die Lektorate, Gutachten und Diskussionen im Amt und die damit verbundenen bürokratischen Prozeduren wären nicht mehr zeitgemäß. Sie würden den Apparat im Ministerium aufblähen, die Arbeit der Verlage bevormunden, die Eigenverantwortung der Verleger einschränken. Außerdem würde das alles viel Geld kosten. Das Amt sollte sich auf Aufgaben beschränken, die noch wirklich nötig sind: Papierkontingente verteilen, Programme abstimmen, um Doppelarbeit zu vermeiden, und die Einhaltung der gesetzlichen Bestimmungen kontrollieren. Alle bisher dort im Amt beschäftigten Lektoren und wissenschaftlichen Mitarbeiter sollten in die Verlage gehen und da ihre Arbeit verrichten. Eine solche Regelung würde die Genehmigungsprozedur, die sich in der Praxis zu einer staatlichen Zensur ausgeweitet habe, beenden.

Nach Kriegsende war es zu rechtfertigen, den kulturellen Neuaufbau anzuleiten. Wie und wodurch war schon eine andere Frage. Vielleicht wäre die Förderung öffentlicher Kritik hilfreicher gewesen als bürokratische Ämter.

Ich erinnere mich an die Ablehnung von Druckgenehmigungen, weil Brecht als Pazifist bezeichnet worden war, Bloch als Nichtmarxist, Hemingway als Antikommunist,

Plivier als Republikflüchtiger, Hanns Eisler als Kosmopolit, Picasso als Formalist und Leonhard Frank als geschmacklos, weil in einem seiner Romane die Schlächter auf dem Schlachthof Ochsenaugen an die Wand warfen. Immer bedurfte es dann langwieriger Auseinandersetzungen, um solche Fehlentscheidungen zu korrigieren.

Hätten wir uns nach den Ratschlägen von oben gerichtet, wäre es nie dazu gekommen, die Gesamtausgabe der Werke von Thomas Mann zum 80. Geburtstag im Aufbau-Verlag zu verlegen. Auch Hemingway war «überflüssig». Wenn sich die Ratgeber nicht auf feindliche Inhalte berufen konnten, versteckten sie sich hinter Devisen- oder Papiermangel. 1958 veröffentlichte das *Neue Deutschland* Artikel mit dem Vorwurf, ich hätte Geld für Papier auf die Werke von Thomas Mann und Hemingway vergeudet und Gorki nur mit Lieblosigkeit herausgebracht. Daß der Aufbau-Verlag unter meiner Leitung die vollständigste und bestübersetzte Gorki-Ausgabe der Welt in Millionen Exemplaren verbreitet hat, verschwieg der «Germanist» Willi Köhler.

Und wie war das Literaturverständnis im Politbüro? Brechts ‹Mutter Courage› und das ‹Verhör des Lukullus› galten als pazifistisch. ‹Das Leben des Galilei› wurde als Polemik gegen unsere Kulturpolitik gewertet. Die ‹Dreigroschenoper› (erst kommt das Fressen, dann die Moral) galt als Angriff auf unsere Sozial- und Wirtschaftspolitik. Auch der Roman ‹Die Toten bleiben jung› von Anna Seghers bereitete Ulbricht Sorgen. Und nicht nur ihm. Die sowjetischen Freunde waren wegen des herausgelesenen Fatalismus enttäuscht. Sie alle hätten es lieber gesehen, wenn dieser Roman nie geschrieben worden wäre.

Wie verhalten Becher zu solchen Fragen war, läßt sich in seinem Tagebuch ‹Auf andere Art so große Hoffnung› nachlesen. Noch peinlicher aber war seine Zurückhaltung, als Hanns Eislers Opernlibretto «Johann Faustus», 1952, in die Mache genommen und verboten wurde. Sein Ministerium gab sogar die Weisung, alle nicht verkauften Exemplare einzustampfen. (Zur Ehre vieler Buchhändler muß aber gesagt werden, daß sie dieser Aufforderung nicht nachkamen. Sie verkauften Eislers «Faustus» heimlich weiter. Und im Aufbau-Verlag nahmen wir die Restbestände unter Verschluß, damit sie nicht eingestampft wurden. Nach meiner Verhaftung, 1956, gingen sie dann doch noch in die Papiermühle. Die Nachfolger Erich Wendt und Klaus Gysi hatten keine Bedenken zu tun, was ich verhindern wollte.)

Bechers Initiativen nach dem XX. Parteitag waren dennoch kühne Vorhaben. Es bedurfte nicht seiner Überredungskunst, uns dafür zu gewinnen. Ich muß hier noch einmal seine Rede im Oktober 1957 erwähnen. Über die von ihm, nicht von mir eingeleitete Initiative zur Neuordnung des *Amtes für Literatur* verkündete Becher mit Empörung: «So abgeschlossen, so in der Retorte lebte ich im Ministerium für Kultur nun doch nicht. Janka hat für alle sichtbar und lesbar einen Artikel geschrieben, worin er anläßlich der Übernahme des *Amtes für Literatur* durch das Ministerium für Kultur die Ansicht vertrat, daß das Ministerium nur noch rein administrative Befugnisse ausüben dürfe. Das heißt, nur in der Frage der Kontingentierung des Papieres zuständig sei. Es wurde darauf nicht geantwortet. Es wurde darauf nicht einmal mit Janka persönlich gesprochen. Man ließ diese durchaus schädliche Ansicht weiterbestehen.»

In diesen Sätzen sind vier nachweisbare Verdrehungen enthalten. Erstens: Ich hatte keinen öffentlichen Artikel geschrieben, sondern ein Exposé zur internen Verwendung durch den Minister. Auf dessen Verlangen! Von selbst wäre ich auf ein solches Wagnis nie gekommen. Zweitens: Der Minister hatte ausdrücklich für die «sinnvollen Vorschläge» gedankt, die ich in Zusammenarbeit mit anderen Verlegern ausgearbeitet hatte. Drittens: Es ist unwahr, daß ich die Tätigkeit des Amtes auf die Papierverteilung reduzieren wollte. Hauptinhalt des Exposés war die Abschaffung der Zensur. Warum erwähnte Becher diese Tatsache nicht? Wohl deshalb, weil er nicht zugeben durfte, daß es eine Literaturzensur gab und daß daran festgehalten werden mußte. Viertens: Mit der Taktik «Haltet den Dieb» verschwieg Becher die von ihm selbst formulierten Forderungen nach «Abschaffung der längst zum Hemmnis gewordenen Zensurbehörde». Er war es, der mit beißender Ironie darüber gesprochen hatte, daß es nicht nur eine auf das Amt beschränkte Zensurinstanz gibt.

Nicht von Becher veranlaßt, aber mit seiner Zustimmung, schrieb ich einen Artikel, der wirklich veröffentlicht wurde. Wie kam es dazu? Der amerikanische Schriftsteller Albert Maltz, 1951 in den USA zu einer einjährigen Zuchthausstrafe wegen «unamerikanischen Verhaltens» verurteilt, schrieb im Exil in Mexiko einen Artikel über Praktiken der sowjetischen Verleger, der 1956 in *New Masses* (in den fünfziger Jahren kommunistische Monatsschrift für Kultur und Kunst in den USA) veröffentlicht wurde. Er beklagte, daß sie ohne Vertrag, ohne Honorar, ohne Rückfrage, ohne Belegexemplare, ohne Zusendung von Kritiken ausländische Autoren drucken und in hohen Auflagen verbreiten. Maltz rief die sowjetischen Verleger auf, diesen Zustand zu beenden und normale Verträge abzuschließen. Auch dann, wenn sie noch nicht in der Lage wären, Honorare in Valuta zahlen zu können. Dabei berief er sich auf Verlage in anderen sozialistischen Ländern, die sich korrekt an das internationale Urheberrecht hielten und vertragliche Abmachungen träfen. Wenn auch zumeist ohne Honorarzahlungen in Valuta. Er hob ausdrücklich hervor, daß es ihm nicht in erster Linie um das Geld gehe. So nötig er dies im Exil auch habe. Er möchte nur befragt werden, was ja nichts koste; aber dennoch dazu beitragen, das Ansehen der sowjetischen Verlage zu heben. Beiläufig erwähnte er, daß die Zeit, in der die Sowjetunion keine Valuta aufbringen konnte, vorbei sei. Ein so großes Land, zweitgrößter Industriestaat, müßte in der Lage sein, ausländische Autoren zu honorieren.

Den Autoren in der DDR sprach dieser Artikel aus dem Herzen. Sie alle hofften auf Änderung der Zusammenarbeit mit sowjetischen Verlagen. Es gab ja nicht wenige, die in der SU gedruckt wurden. Überraschend war auch die Reaktion der sowjetischen Schriftsteller. Ihnen ging es nicht anders. Auf Werke, die außerhalb der SU verlegt wurden, durften sie keine Verträge abschließen. Demzufolge auch keine Honorare in Empfang nehmen. Meine eigenen Bemühungen, mit sowjetischen Verlagen oder Autoren Verträge abzuschließen und Honorare zu zahlen, blieben ohne Erfolg. Die Bestimmungen in der SU ließen das nicht zu.

Wenn ausländische Autoren hin und wieder doch Honorare empfingen, wie z. B. Heinrich Mann in US-Dollars, oder eingereiste Schriftsteller Rubel-Honorare, dann war das genau besehen keine Verlagsangelegenheit, sondern ein Vorgang staatlicher Instanzen, die aus politischen Gründen Gelder zur Verfügung stellten.

Mir wäre der Artikel von Maltz wahrscheinlich unbekannt geblieben, wenn nicht Eduard Claudius (Vorsitzender des Schriftstellerverbandes in der DDR, Mitglied des ZK der SED, Mitglied der Akademie der Künste und Abgeordneter der Volkskammer) mich darauf aufmerksam gemacht hätte. Er war es, der mir die amerikanische Zeitschrift in die Hand drückte und darauf bestand, in der von seinem Verband herausgegebenen Zeitschrift *Neue Deutsche Literatur* als DDR-Verleger zu den Anregungen von Maltz Stellung zu nehmen. Dabei sparte er nicht mit Anmerkungen, die ich als Zustimmung zu Albert Maltz verstehen sollte. Und so nahm ich die Zeitschrift mit nach Hause, ließ den englischen Text von meiner Frau übersetzen und diktierte ihr über das Wochenende den angeforderten Artikel. Bevor ich ihn Claudius zur Veröffentlichung gab, ließ ich ihn von Konstantin Fedin beurteilen, der mich gerade im Aufbau-Verlag besuchte und über die weitere Herausgabe seiner Bücher in der DDR verhandelte. Auch Alexander Dymschitz ließ ich den Artikel lesen. Ich wollte erfahren, wie die sowjetischen Freunde auf die von Maltz und mir gemachten Vorschläge reagieren. Mit Dymschitz hatte ich gerade eine halblegale Übereinkunft über die Herausgabe der Werke von Alexander Blok getroffen. Halblegal insofern, als ich in Briefform eine Vereinbarung traf, aber keine Honorierung zusagte, dafür seine Aufenthalte in der DDR großzügig finanzieren wollte. Als Vorschuß bekam er einen beachtlichen Betrag. Dazu noch eine neue Schreibmaschine als Geschenk. Dymschitz wie Fedin äußerten uneingeschränkte Zustimmung. Beide erklärten sich bereit, auch in der SU das Gespräch über eine Neuregelung in Gang zu bringen. Fedin, Vorsitzender des sowjetischen Schriftstellerverbandes, lud mich zu einem Besuch nach Moskau ein, um vor seinem Vorstand die angesprochenen Probleme zu vertreten. Um so mehr, da ich den Nachweis führte, daß normale vertragliche Vereinbarungen im gegenseitigen Interesse liegen. Die gegenseitigen Belastungen an Valuta durch Honorarzahlungen würden sich praktisch ausgleichen. Ich nahm die Einladung an. Wenn ich ihr dann doch nicht folgen konnte, hatte das Gründe, über die ich noch berichten werde.

Nachdem der Artikel in der *Neuen Deutschen Literatur* erschienen war, konnte ich mich vor Anrufen und Besuchen nicht retten. Becher, Brecht, Bredel, Claudius und viele Autoren im westlichen Ausland bekundeten ungeteilte Zustimmung. Endlich würde ein Verleger sagen, was alle schon lange erwarteten. So und ähnlich waren die Kommentare.

Es gab eine weitere Entwicklung in den fünfziger Jahren, die eine Stellungnahme erforderte: Hochqualifizierte Facharbeiter wechselten den Beruf. Lichtdrucker und erfahrene Meister arbeiteten als Anstreicher oder Bauarbeiter, weil sie da bessere Stundenlöhne bekamen. Wer also mit unseren Druckereien zu tun hatte, mußte beobachten, welche Folgen diese Entwicklung auf unsere einst weltberühmte Polygraphie hatte.

Während eines Arbeitsbesuches in der «Offizin-Haag-Drugulin» in Leipzig bat mich die Druckereileitung, an einer Betriebsversammlung teilzunehmen. Vielleicht könne ich helfen, den Konflikt beizulegen. Die Versammlung war als halber Streik der Belegschaft angelegt. Für die Gewerkschafts- und Parteileitung und für die Direktion ein peinlicher Vorfall. Denn nach Recht und Gesetz sind halbe oder ganze Streiks verboten. Also was tun? Es gab keine andere Lösung, als mit den Arbeitern zu reden. Ich war ja selbst einmal Schriftsetzer und Gewerkschaftler. Vor 1933 gehörte ich dem Deutschen Buchdruckerverband an. Die Arbeiter wußten das. In Kenntnis der Dinge unterstützte ich die Forderung nach besserer Entlohnung. Ich versprach sogar, ihre Interessen im Ministerium für Kultur zu vertreten. Auch in einem Artikel für den *Sonntag* würde ich auf die Mißstände in unseren Druckereien aufmerksam machen. Damit waren die Probleme zwar nicht gelöst, aber die Arbeiter waren zufrieden. Schon deshalb, weil einer aus Berlin für sie und nicht gegen sie gesprochen hatte.

Nach Veröffentlichung des Artikels, den ich Becher vorher zur Kenntnis gebracht hatte und der mit seiner Zustimmung zum Druck freigegeben worden war, kam es in mehreren Druckereien zu spontanen Betriebsversammlungen. Den Gewerkschaftsleitungen brachte das viel Ärger ein. Sie durften ja nicht über längst fällige Lohnkorrekturen diskutieren. Ihre Aufgabe war, mehr Leistung bei gleichbleibenden Löhnen zu propagieren. Was schließlich einer der Gründe war, die zum 17. Juni 1953 führten.

Mehrere Betriebe in Berlin, Leipzig und Dresden baten mich, vor ihren Belegschaften zu sprechen. Da ich zeitlich nicht in der Lage war, diesen Aufforderungen Folge zu leisten, mich auch nicht als Sprecher der Gewerkschaften berufen fühlte, wurden alle Einladungen abgesagt. Ich wollte doch nur auf berechtigte Forderungen aufmerksam machen. Und das war mir gelungen. Deshalb mußte auch dieser Artikel später als Beweis für konterrevolutionäre Aktivitäten herhalten.

Noch folgenschwerer sollte sich eine Initiative von Anna Seghers auswirken.

Zwei Tage nach dem ersten Einmarsch sowjetischer Truppen in Budapest, Oktober 1956, als die Führung der Sowjetunion, noch oder wieder, eine abwartende Haltung zum Aufstand einnahm, rief Anna Seghers an. Sie müsse mich sofort sprechen. Worum es ging, sagte sie nicht.

Schon am Morgen dieses Tages fuhr ich, nach vergeblichen Versuchen, Georg Lukács zu erreichen, nach West-Berlin, um es von dort zu versuchen. Ohne Erfolg. Alle telefonischen Verbindungen mit Ungarn waren unterbrochen. Auch über die ungarische Botschaft war nichts zu machen. Daß ich in diesen Tagen mit Lukács sprechen mußte, hatte keinen anderen Grund, als mich mit ihm über sein neues Buch «Realismus in Kunst und Literatur» noch einmal zu verständigen. Die Korrekturbogen lagen fix und fertig auf meinem Schreibtisch. Die Druckerei wartete auf Freigabe zur Weiterarbeit. Da wir aber ohne Bestätigung durch den Autor den Fortgang der Drucklegung nicht genehmigen durften, mußte ich Lukács darum bitten. Hinzu kam, daß wir an der schnellen Herausgabe dieses Buches interessiert waren. Lukács machte in seiner neuen Arbeit den Versuch, sich von alten Thesen zu befreien. Für uns war das von großem Interesse. Außerdem wollte ich Lukács befragen, wie er die Situation in Ungarn einschätze. Zumal er Ernst Bloch und mir bei seinem letzten Besuch in der DDR, aus Anlaß der Beerdigung von Bert Brecht, genau vorausgesagt hatte, was in Ungarn passieren würde. Da ich ihn nicht erreichen konnte, wies ich das Lektorat an, die weitere Arbeit an diesem Buch zu stoppen. Daß es dann überhaupt nicht mehr erscheinen würde, ahnte ich zu diesem Zeitpunkt nicht.

Wollte man den Meldungen über Rundfunk, Fernsehen und Presse glauben, sah es in Ungarn verheerend aus. Die Medien in der DDR sprachen von Konterrevolution. Verrat der Intellektuellen, Einmischung der Westmächte. Die westlichen Sender und Zeitungen meldeten Generalstreik, Plünderungen, brennende Partei- und Regierungsgebäude, Kommunisten, die gelyncht wurden. Kein Wunder, daß wir die Ereignisse mit Sorge verfolgten. Viele Mitarbeiter vernachlässigten die Arbeit, weil sie, wie alle, nur noch über die neuesten Meldungen diskutierten. Auch den Schriftstellern ging es nicht anders. Viele kamen, um Neues über die Entwicklung zu erfahren. Als ob ich mehr wissen müsse oder mehr über die Ereignisse sagen könne. Manche mögen gekommen sein, um sich auszusprechen, ihre kritischen Betrachtungen loszuwerden. Im Aufbau-Verlag, so glaubten sie, dürfe man noch ein offenes Wort wagen.

Daß mich Anna Seghers aus dem gleichen Grund sprechen wollte, vermutete ich nicht. Meist hielt sie sich aus dem Tagesgeschehen heraus. Oder wartete ab. Aber der Krach in Ungarn muß ihr zu schaffen gemacht haben. Ihr Mann war ja gebürtiger Ungar. Und zu Rákosi wurden freundschaftliche Beziehungen gepflegt. Aber diesmal ging es nicht um ihren Mann, auch nicht um Rákosi. Kaum war der Kaffeetisch gedeckt, eine Schale mit Zigaretten bereitgestellt, da überraschte sie mich. Erregt sprach sie über ihre Angst um Georg Lukács. Niemand wisse, was in Ungarn geschehe. Wenn man den Nachrichten glaube, müsse damit gerechnet werden, daß auch das Leben von Lukács gefährdet sei. In Anbetracht seines Alters, seiner angegriffenen Gesundheit, seiner internationalen Bedeutung müsse alles versucht werden, wenigstens ihn, mit dem uns neben allem anderen auch enge Freundschaft verbinde, zu retten.

Nachdem sie ihre Einleitung beendet hatte, fragte ich: «Was glaubst du denn, was wir tun können? Verbale Erklärungen richten nichts aus.» – «Genau darum geht es», unterbrach sie mich. «Wir müssen wissen, wie und ob wir ihm helfen können. Vielleicht sollte jemand nach Budapest fahren. An Ort und Stelle etwas unternehmen. Das beste wäre, ihn aus Ungarn herauszuholen. Vorausgesetzt, daß es noch möglich ist.»

Ich war sprachlos. Schließlich sagte ich: «So einfach ist das nicht. Die Grenzen sind gesperrt. Telefon- und Eisenbahnverbindungen unterbrochen. Wenn jemand auf die Reise gehen will, dauert es Wochen, bis er die Erlaubnis bekommt.» Wieder unterbrach sie mich. «Das weiß ich alles. Deshalb versuchte ich ja schon, einen guten Freund in Frankfurt am Main zu interessieren. Ich kenne dort einen Pfarrer, der in der Friedensbewegung eine Rolle spielt. Aber leider ist er nicht zu erreichen. Trotzdem dürfen wir keine Zeit mehr verlieren. Wir könnten es ja von hier aus versuchen. Würdest du zu ihm fahren? Lukács ist dein wichtigster Autor. Und du bist mit ihm befreundet.»

«Aber Anna», erwiderte ich, «an mir soll es nicht liegen. Natürlich bin ich bereit. Nur Unmögliches kann niemand erwarten. So schnell bekomme ich keine Reiseerlaubnis.»

«Das wird keine Schwierigkeiten machen», sagte sie resolut. «Ich habe mit Becher gesprochen. Wenn du einverstanden bist, leitet er alles in die Wege.»

«Bitte. Ich bin bereit. Ruf Becher an! Frag, wann ich ihn sprechen kann.»

Offenbar war alles verabredet. Sie legte den Hörer auf und sagte: «Du sollst gleich ins Ministerium kommen. Becher wartet auf dich!»

«Jetzt noch? Es ist schon spät.»

«Das macht nichts. Er will dich noch heute sprechen.»

Ich trank meinen Kaffee aus und fuhr nach Berlin zurück. Vorher rief ich meine Frau an und sagte ihr, daß es wieder spät werden würde.

Im Vorzimmer saß nur der «Dicke». Bechers Schatten. Die Sekretärin war schon nach Hause gegangen.

«Du kannst gleich hineingehen», empfing er mich. «Der Chef wartet schon.» Und so war es auch. Ohne Umschweife kam der Minister zum Thema. «Anna hat mich informiert. Sehr anständig von dir, daß du dich bemühen willst.»

«Ich will es versuchen.»

Nach einer Pause fuhr er fort. «Ich habe Anweisung gegeben, die Formalitäten schnell zu erledigen. Kannst du morgen fahren?»

«Wenn ich die Ausreise so rasch bekomme, fahre ich.»

«Die bekommst du. Fahr zunächst nach Wien, zu Ernst Fischer. (Damals war Becher noch mit Fischer befreundet.) Er wird dir sagen, wo du über die Grenze kommst. Und dann mußt du selbst sehen, wie es weitergeht.»

«Soll ich mit meinem Wagen fahren?»

«Nein. Du fährst mit meinem Fahrer in West-Berlin. Er hat solide Papiere und einen neuen Wagen. Er kann sich als Geschäftsmann ausweisen. Das ist immer gut. Draußen, der Genosse J. wird dich zu ihm bringen.

Er wird dir auch das erforderliche Westgeld geben. Dazu einen Betrag in US-Dollars. Außerdem verfügt mein Fahrer über Reserven. Die Dollars sind für den Fall, daß du Lukács loskaufen mußt. Konterrevolutionäre sind meist korrupt. Wenn ihnen Lukács schon in die Hände gefallen sein sollte, mußt du mit ihnen verhandeln. Notfalls zahlen.»

Jetzt war ich völlig durcheinander. Lukács loskaufen. Auf eine solche Idee wäre ich nicht gekommen. Aber ich hatte richtig gehört. Dollars, Loskaufen, Westberliner Wagen, Ernst Fischer; wie in einem schlechten Kriminalfilm. Dann fiel mir ein: «Was soll ich mit Lukács machen, falls ich ihn finde?»

«Das muß Lukács entscheiden. Bringe ihn nach Wien. Oder über die jugoslawische Grenze. Nur raus muß er.»

Bevor ich ging, fragte ich noch: «Wie soll ich denn ohne Visum nach Wien oder Jugoslawien kommen?»

«Gib J. deinen Paß. Er wird das alles erledigen!»

Der Dicke zeigte keine Überraschung. Alles schien besprochen. Er fragte nur: «Bist du mit Fahrer?»

«Nein. Ich fahre selber!»

In Nikolassee ließ J. halten. Wir gingen noch ein Stück zu Fuß. Unvermittelt sagte er: «Deine Nummer muß hier nicht registriert werden.» Weit sind wir aber nicht gegangen. Als wäre er hier zu Hause, schloß er die Haustür auf. Im ersten Stock des gepflegten Wohnhauses erwartete uns Bechers Fahrer. Bevor wir im Wohnzimmer Platz nahmen, stellte J. das Radio an. Da die Musik sehr laut war, fragte ich: «Muß das sein?» J. erwiderte: «Das muß sein. Wegen der Mithörer.»

Ob der Fahrer in dieser gut eingerichteten Wohnung allein lebte oder mit einer Frau, konnte ich nicht feststellen. Den Kaffee braute er selbst. Dazu servierte er französischen Cognac. Nach einer Stunde waren wir uns einig. Gegen 10 Uhr würde er mich im Aufbau-Verlag abholen. «Schlafanzug und Zahnbürste genügen.»

Auf der Rückfahrt fragte ich J.: «Wann bekomme ich denn meinen Paß und Reisegeld?»

«Morgen früh. Der Fahrer bringt alles mit. Ein paar Fotos mußt du mir noch geben.»

«Die kannst du haben.»

Meine Frau war noch wach. Sie wartete mit Ungeduld und Erregung, war schon informiert. Besorgt sagte sie: «Was du vorhast, gefällt mir nicht. In Ungarn ist der Teufel los.»

«Wieso weißt du, was ich tun werde?»

«Lilly Becher hat angerufen. Eine halbe Stunde sprach sie am Telefon. Überschlug sich vor Lob über deinen Mut. Sie wollte mich trösten, falls dir etwas zustößt. Becher und sie selbst würden mir mit allen Mitteln beistehen.»

«Das ist schöner Blödsinn», erwiderte ich. «Was soll mir

denn zustoßen? Es ist doch gar nicht sicher, ob ich nach Ungarn reinkomme. Vielleicht ist alles zu spät.»

«Du wirst schon einen Weg finden. Grenzen waren niemals ein Hindernis.»

«Beruhige dich. Zu Sorge ist kein Anlaß. In ein paar Tagen bin ich zurück. Und wenn das Geld reicht, bringe ich etwas aus Wien mit.» Aber mein Gerede beruhigte sie nicht. Sowenig wie das Loblied von Lilly Becher.

Früher als sonst fuhr ich in den Verlag. Wir hatten schlecht geschlafen. Guter Laune waren wir auch nicht. Trotzdem nahmen wir uns Zeit für das Frühstück. Das war immer so. Auch wenn wir früh aufstehen mußten. Das Frühstück durfte nicht vernachlässigt werden. Als wäre es die wichtigste Mahlzeit. Die bekömmlichste war es bestimmt. Auch die angenehmste. Die Kinder waren dabei, und es wurde nur über Dinge gesprochen, an denen sie beteiligt waren.

Im Verlag große Geschäftigkeit. Alle wollten etwas. Die Sekretärin war verärgert, als ich sagte: «Gegen zehn Uhr muß ich auf die Reise. Wenn sich Bechers Fahrer einfindet, lassen Sie ihn heraufkommen.» Im Lektorat beruhigte ich ein paar Mitarbeiter, die heftig über die Meldungen aus Ungarn stritten. Am Schreibtisch läutete das Telefon in einem fort. Kurz angebunden verschob ich, was aufschiebbar war. Nach 9 Uhr war der Minister am Apparat. «Alles geregelt?» fragte er.

«Ja, alles», antwortete ich. «Gegen 10 Uhr können wir fahren.»

«Gut so. Aber warte mit der Abreise, bis ich wieder angerufen habe. Ich muß noch mit Ulbricht sprechen. Ich treffe ihn in der Volkskammer.»

Der Fahrer kam auf die Minute pünktlich. Gut gelaunt. Für ihn gab's keine Probleme. Die Fahrt mit dem neuen

Wagen machte ihm großes Vergnügen. Meinen Paß mit Ausreisevisum brachte er mit. Als wäre es die einfachste Sache der Welt, sagte er: «Das österreichische Visum müssen wir auf dem Konsulat in West-Berlin holen. Da müssen Sie mitkommen. Danach gehen wir zu den Jugoslawen. Auch in West-Berlin.» (Die DDR hatte die Beziehungen zu Jugoslawien abgebrochen.)

Als ich ihm sagte, der Minister habe angerufen und angeordnet, daß wir mit der Abreise warten müßten, schlug er vor, die Zeit zu nutzen und die Visa in West-Berlin zu holen. Dort funktionierte alles sehr gut. Nach einer Stunde waren wir zurück. Beide Konsulate hatten die Visa ohne Formalitäten gegeben. Irgendwer mußte vorgearbeitet haben. Wo wir vorsprachen, wurden wir empfangen und abgefertigt. Allein hätte ich Monate gebraucht.

Nach 11 Uhr rief Becher wieder an: «Ihr müßt noch warten. Habe Ulbricht noch nicht gesprochen.» Dann meldete er sich nach 12 Uhr wieder. Ärgerlich sagte er: «Tut mir leid. Ihr könnt nicht fahren. Ulbricht hat die Reise untersagt. Es sei Sache der sowjetischen Genossen, zu handeln. Die wären in Ungarn präsent und wüßten allein, was zu tun ist. Einmischung unsererseits kommt nicht in Frage.»

Bechers Stimme klang demoralisiert. Nachdem ich den Hörer aufgelegt hatte, ließ ich mich mit meiner Frau verbinden. Sie atmete auf und war wieder beruhigt. Für mich wäre damit die Lukács-Episode abgeschlossen gewesen. Aber dem war nicht so.

Ein dreiviertel Jahr später, im Juli 1957 wurde ich vom Obersten Gericht der DDR zu fünf Jahren Zuchthaus verurteilt. Da der Prozeß zur Abschreckung diente, hatten zahlreiche Schriftsteller als Zuhörer teilnehmen müssen: darunter Anna Seghers, Eduard Claudius, Willi Bredel,

Bodo Uhse, Helene Weigel-Brecht. Und alle Chefreporter von Karl-Eduard von Schnitzler bis Bernd von Kügelgen saßen in der ersten Reihe.

Neben anderen Beschuldigungen, die genauso konstruiert waren, wie die mir zur Last gelegten Exposés zur Sanierung des *Sonntag* bzw. Reorganisation des *Amtes für Literatur*, des von Claudius in der *NDL* veröffentlichten Artikels zu Albert Maltz und der Artikel im «Sonntag» zur Situation in der Polygraphie, spielte diese auf Initiative von Anna Seghers geplante, von Becher unterstützte, von mir aber nie angetretene Reise nach Ungarn eine entscheidende Rolle.

Das Exposé zum «Sonntag» bewies, daß ich die führende Rolle der Partei und Massenorganisationen beseitigen wollte. Das Exposé zum *Amt für Literatur* bestätigte, daß ich die Staatsorgane abzuschaffen versuchte. Der Artikel in der *NDL* zeugte von Feindschaft gegen die Sowjetunion. Der Artikel zur Situation in unseren Druckereien wurde zum Versuch, die Arbeiter in den Streik zu führen. Als noch ungeheuerlicher aber wurde der Plan hingestellt, Georg Lukács aufzuspüren, um ihn «als geistiges Oberhaupt der Konterrevolution in die DDR zu holen». Das alles neben den übrigen Beschuldigungen, wie Absetzung von Ulbricht, Auflösung der Staatssicherheit, Liquidierung des Genossenschaftswesens in der Landwirtschaft, wurde als meine Verbrechen dargestellt, die ich seit langem vorbereitet und nun zur Ausführung hätte bringen wollen. Natürlich in Zusammenarbeit mit anderen Staatsfeinden.

Zum Lukács-Komplex verlas der Generalstaatsanwalt Melsheimer eine Rede von etwa fünfzehn Maschinenseiten. Danach war «Lukács der geistige Vater der Konterrevolution in Ungarn». Er wollte die Volksmacht stürzen und den Kapitalismus wieder einführen. Als Sohn eines ungarischen Finanzkapitalisten habe er sich in die Arbeiterbewegung eingeschlichen, sie von innen heraus zersetzt. Die Rede endete mit dem in den Saal geschrienen Satz: «Und diesen Verräter Lukács, der schon immer ein verkappter Agent des Imperialismus in den Reihen der internationalen Arbeiterbewegung war, wollte der hier auf der Anklagebank sitzende Verräter und Feind des Ersten Deutschen Arbeiter- und Bauernstaates namens Janka, der sich wie Lukács als Kommunist tarnte, nach Berlin holen und zum geistigen Inspirator der Konterrevolution in der DDR machen.»

Als mir der Generalstaatsanwalt in den Voruntersuchungen diese Vorhaltungen machte, wußte ich nicht, ob ich sie ernst oder als lächerlich nehmen sollte. Ausgerechnet ein Mann, der bis April 1945 sein Gehalt vom nazideutschen Justizministerium bezogen, nie einen Finger im oder für den antifaschistischen Widerstand gerührt hat, durfte Lukács und mich als Verräter anklagen. Noch durchsichtiger war, daß dieser Generalstaatsanwalt es ablehnte, die von mir benannten Zeugen Johannes R. Becher, Anna Seghers und Eduard Claudius zuzulassen. Höhnisch, empört, keifend, schrie er mir ins Gesicht: «Einen Minister als Zeugen, das würde Ihnen so passen. Damit wollen Sie ja nichts weiter erreichen, als eine Staatskrise auszulösen. Obendrein möchten Sie die National- und Stalin-Preisträgerin, die weltberühmte Schriftstellerin Anna Seghers zu Ihrem Schutz in den Zeugenstand rufen. Nein, niemals. Kommt überhaupt nicht in Betracht. Und Claudius, den Vorsitzenden des Schriftstellerverbandes, möchten Sie kompromittieren. Sie sind größenwahnsinnig. Die alle wollten Sie ja nur für Ihre hinterhältigen Pläne mißbrauchen.»

Da mich die Rede des Generalstaatsanwalts während des Prozesses nicht mehr überraschte, schenkte ich ihr wenig Aufmerksamkeit. Um so genauer beobachtete ich die im Saal anwesenden Zuhörer. Anna Seghers sah betroffen zu Boden. Sie schwieg, als Lukács verleumdet und fälschlich beschuldigt wurde. Sie erhob sich nicht, um ihren Protest in den Saal zu rufen, zu fordern, daß sie gehört wird. Nein, sie schwieg. Und sie schwieg auch nach dem Prozeß.

Und Becher, der alle Protokolle über die Vernehmungen während der Untersuchung zur Kenntnis bekam, genau informiert war, wessen ich angeklagt wurde, warum schwieg er? Aus Angst, sein Ministeramt zu verlieren? Oder war er wieder der Meinung, daß es in der Politik immer Entwicklungsschwierigkeiten gibt, daß es ohne Anklagen nicht abgehen kann? Informierte Freunde sagten mir nach meiner Entlassung aus dem Zuchthaus Bautzen, daß Becher schon vor meinem Prozeß Selbstkritik geübt habe. Vor dem Politbüro hatte er erklärt: «Ich bedaure zutiefst, daß ich mich von Janka täuschen ließ und nicht gegen ihn vorgegangen bin.»

Und Claudius? Auch er schwieg. Sprach nicht davon, daß er mich veranlaßt hatte, den Artikel über die Methoden sowjetischer Verleger zu schreiben. Er hätte sich doch, wie Becher und Seghers, bekennen müssen. War er nicht wie alle anderen Schriftsteller, der Meinung, daß es an der Zeit sei, unsere Zusammenarbeit mit der SU neu zu regeln? Zum Vorteil für beide Seiten? Über die Arbeiter in unseren Druckereien will ich nicht klagen. Sie waren wehrlos.

Aber für diese Schriftsteller lasse ich das nicht gelten. Sie haben ihre Stimme gegen die Justizverbrechen in der Nazizeit erhoben. Das war verdienstvoll. Doch wo steht geschrieben, daß sie nicht ihre Stimme erheben müssen, wenn unsere Justiz mißbraucht wird.

Es wäre wissenswert, was Anna Seghers auf die Frage antworten könnte, wie sie mit ihrem Schweigen zurechtkam. Und was würde Becher antworten, wenn er noch antworten könnte? Sein früher Tod bewahrte ihn, sich der Wahrheit zu stellen.

Seine Frau, Lilly Becher, die ihn um zwanzig Jahre überlebte, brachte es sogar fertig zu behaupten, «daß der Janka am frühen Tod ihres Mannes schuld sei. Becher habe sich über dessen ‹Verrat› so sehr gegrämt, daß er daran zugrunde gegangen sei.» Hat sie das Telefongespräch mit meiner Frau im Oktober 1956 vergessen? Nach meiner Verhaftung, Weihnachten 1956, ließ sie Geschenke für meine Kinder bringen. Meiner Frau schickte sie einen Brief mit einer Kamelie. Im Brief hieß es: «Noch ehe die Kamelie verblüht, wird Ihr Kummer vergessen sein.»

Freunde, die zu dieser Zeit noch in Amt und Würden standen, informierten mich nach der Rückkehr aus Bautzen, daß sich Becher in der Nacht nach meiner Verhaftung aus Verzweiflung mit namhaften Schriftstellern bis zur Bewußtlosigkeit betrunken habe. Einen Tag später hätte er aus Furcht vor Repressalien durch Ulbricht Zuflucht und Rat bei einflußreichen Persönlichkeiten erbeten. Er soll sogar mit dem Gedanken erneuter Emigration in die SU gespielt haben. Aber niemand hätte ihm in seiner Not helfen können. Und so flüchtete er sich, wie oft zuvor, ins Krankenbett am Scharmützelsee.

Erst nach einiger Zeit erfuhr die Öffentlichkeit, daß alles wieder ins Lot gekommen war. Mit der ihm eigenen Rhetorik, dem zurückgewonnenen Selbstvertrauen, unter zuchtvoller Beihilfe von Erich Wendt, Alexander Abusch und Walter Ulbricht, stellte sich Becher im Februar 1957 einer internationalen Pressekonferenz im Kulturministerium:

Auf die Fragen ausländischer Journalisten antwortete

er u. a.: «...bei der Beurteilung von Georg Lukács muß man zwischen dem Wissenschaftler und dem Politiker unterscheiden. Der Literaturhistoriker Lukács bleibe der hervorragende Wissenschaftler, der er ist. Niemand denke z. B. daran, seine Bücher einzustampfen. Als Politiker aber habe Lukács im Budapester Petöfi-Klub eine Rolle gespielt, die zersetzend wirkte und der Konterrevolution in die Hände arbeitete. Lukács lebe gegenwärtig zurückgezogen und empfange auf seinen Wunsch keine Besuche; er arbeite an einem Werk über Fragen der Ethik...»

Zu den angeblichen «Angriffen» auf den Leipziger Philosophen Prof. Dr. Ernst Bloch äußerte Becher: «Westjournalisten können die Kritik und den Meinungsstreit bei uns nicht verstehen. Die Partei behalte sich selbstverständlich das Recht vor, einen bedeutenden Gelehrten kritisieren zu können, zumal wenn er über Marxismus spricht...»

Zur Verhaftung seines Verlegers Janka antwortete Becher: «Die politische Seite dieses Falles, die konspirative, umstürzlerische Tätigkeit wurde auf dem 30. Plenum des ZK der SED ausführlich dargelegt und in der Presse veröffentlicht...» Er bedaure, daß nicht er, sondern die Partei, die verbrecherische Agentenorganisation Harich-Janka bereinigt habe...

Wie schlimm muß Bechers innerer Konflikt gewesen sein, als er wissentlich wieder die Wahrheit entstellte. «Lukács lebt zurückgezogen und arbeitet an einem Werk über Fragen der Ethik.» Die ganze Welt – und selbstverständlich auch Becher – wußte, daß Lukács, wie alle anderen Mitglieder der Nagy-Regierung nach der Niederschlagung des Aufstandes, in die jugoslawische Botschaft geflüchtet war, dann unter Wortbruch beim Verlassen der Botschaft zwecks Ausreise nach Jugoslawien verhaftet und nach Rumänien verschleppt wurde, bis dann Nagy und seine Mini-

40

ster nach Budapest zurückgebracht und, mit Ausnahme von Lukács, verurteilt bzw. hingerichtet wurden. Wie konnte da die Rede davon sein, daß Lukács Besuche ablehne und über Fragen der Ethik arbeite?

Und alle Mitarbeiter des Aufbau-Verlags wie alle Buchhändler in der DDR mußten erleben, daß die Werke von Lukács aus den Buchhandlungen zurückgezogen und auf Weisung des Kulturministeriums eingestampft wurden. Es ist völlig ausgeschlossen, daß ausgerechnet der Minister davon nichts gewußt haben soll.

Ebenso verhält es sich mit der «konspirativen umstürzlerischen Tätigkeit der verbrecherischen Agentenorganisation seines Verlegers». Auch wenn es Becher hundertmal gesagt hat, an Verbrechen und Verrat Jankas kann er niemals geglaubt haben. Becher übernahm die Verleumdungen, weil er dazu genötigt wurde. Kleinen Geistern mag man ein so niedriges Verhalten verzeihen. Aber Becher, wie immer man zu seinem Werk und seinem Charakter steht, war kein kleiner Geist.

Mit diesem Rückblick mache ich keinen Abstrich an Bechers poetischem Werk. Nicht einmal an seinem Wirken als Minister. So manches Gedicht von ihm lese ich noch immer mit Respekt. Und seine Nachfolger im Ministerium halten keinen Vergleich zu ihm aus. Aber sein Charakter als Mensch, seine Wahrheitsliebe als Politiker machen mir Schwierigkeiten. War es der Widerspruch zwischen seinem Wollen und seinem Tun, der ihn veranlaßte, die nachfolgenden Zeilen zu schreiben: «Was nutzt alle Poesie, was nutzt die wunderbarste Kunstbewegung, wenn ihre Zauberkraft in zunehmendem Maße sich der Wahrheit entgegensetzt und allmählich bestenfalls nur noch eine schöne Lüge ist. Damit die Schönheit lebendig bleibe und an Schönheit zunehme, damit die Kunst auf der Höhe dessen sich halte, was die Großen aller Völker an Kunstwerken hervorgebracht haben, muß sie mit dem Geist der Wahrheit sich messen und ihm standhalten.»

Und Anna Seghers? Ich habe sie immer als Schriftstellerin geachtet.

Wenn alte Freunde fragen, warum ich diese Erfahrungen mit so bekannten Literaten preisgebe, muß ich mit einer Verszeile von Becher antworten. Sie lautet: «Wer je die Zeit vergißt, wird selbst vergessen sein.»

DIE VERHAFTUNG

«Auf der Treppe hatten sich viele Mitarbeiter eingefunden. Alle Lektoren und Redakteure. Stumm verabschiedeten sie sich von ihrem Chef. Unverkennbar war
die Empörung gegen die Männer, die ihn in die Mitte
genommen hatten. Bevor Janka auf die Straße geschoben wurde, mußte er die Ärmel zurückschieben, um
Platz für die Handschellen zu machen. Ein Mitarbeiter
trat heran und wollte noch etwas sagen. Er kam nicht
dazu. Die Männer stießen ihn zurück. Auf der Straße
standen schwarze Limousinen bereit. Sie bildeten den
Konvoi, der Janka ins Gefängnis brachte.»

Der 6. Dezember 1956. Vom Turm der Marienkirche schlug es 6 Uhr. Mit dem letzten Glockenschlag übergab der Pförtner den Dienst an die Ablösung. Es regnete an diesem Morgen. Trotzdem ging er zu Fuß nach Hause, um die zwanzig Pfennig für die Fahrkarte zu sparen. Eine Stunde mußte er gehen. Zu Hause nahm er ohne Gerede das Frühstück ein. Dann legte er sich schlafen. So bescheiden wie das Frühstück war die Wohnung, war sein Leben. Er war Asthmatiker und weil die Rente nicht ausreichte, ging er arbeiten.

An jenem Morgen, als Janka sein mit Büchern vollgestopftes Arbeitszimmer in Besitz nahm, klingelte es an der Wohnungstür des heimgekehrten Pförtners. Seine Frau öffnete rasch, damit die Klingelei den schlafenden Mann nicht weckt. Zwei Männer stellten sich als Vertreter von irgend etwas vor. «Wir müssen Ihren Mann sprechen.» Die Frau: «Mein Mann hatte Nachtschicht und schläft. Ich möchte ihn nicht wecken.»

Die Vertreter ließen sich nicht abweisen. Der überrumpelten Frau blieb keine Wahl. Sie mußte ihren Mann wecken.

Als der verschlafene Mann in die Küche kam, gaben ihm die Männer die Hand. Dabei sagten sie: «Wir kommen in einer vertraulichen Angelegenheit.» Aus den Vertretern wurden jetzt Angehörige der Sicherheitsorgane. Der Alte erschrak. Die Beine wurden ihm schwer. Er konnte sich nicht vorstellen, was die Männer von ihm wollten. Er war sich keiner Schuld bewußt. Ängstlich fragte er: «Was wollt ihr?»

Mit einem Lächeln sagte der eine: «Von dir wollen wir nichts. Aber du mußt uns helfen. Und versprechen, mit niemand darüber zu reden. Es geht um eine geheime Staatssache. Als Genosse darfst du deine Mitarbeit nicht versagen.» Nach dieser Einleitung sprach der andere: «In der kommenden Nacht werden wir den Verlag besuchen, ein paar Räume kontrollieren. Du sollst uns nur die Tür öffnen. Dann darfst du niemand mehr ins Haus lassen.»

Seine Einwände gegen das geheime Vorgehen taten die Männer mit Argumenten ab, die er nicht verstand. Auch von der Bitte, in einer so wichtigen Angelegenheit mit dem Verlagsleiter zu sprechen, wollten sie nichts wissen. Zwei Stunden redeten sie auf ihn ein. Schließlich begriff der Alte, daß ihm kein Ausweg blieb. Um sie loszuwerden, unterschrieb er die Verpflichtung auf Geheimhaltung.

Jankas Arbeitstag war mit Besprechungen, Diktaten und Telefonanrufen ausgefüllt. Zum Üblichen kam das Unübliche. Am Telefon meldeten sich zwei Bekannte aus Prag: Theo Balk und Lenka Reiner. Er hatte sie zum letztenmal in Mexiko gesehen. Seitdem waren zehn Jahre vergangen. Das Ehepaar hatte inzwischen manches erlebt. Lenka wurde 1953 in Prag verhaftet. Man beschuldigte sie, Agentin westlicher Geheimdienste zu sein. Nach dem XX. Parteitag der KPdSU wurde sie wieder freigelassen. Theo, von Beruf Arzt, der wie Friedrich Wolf die Schriftstellerei pflegte, hatte Janka in Spanien kennengelernt. Er hatte von 1936 bis 1939 als Frontarzt in den Internationalen Brigaden gekämpft. In Mexiko hatte Janka seinen Roman ‹Das verlorene Manuskript› in deutscher Sprache verlegt. Theo hatte das Buch zweimal schreiben müssen. Die erste Fassung war 1933 den Nazis in die Hände gefallen. Sein

46

neues Unglück war, daß er ein Buch über Tito geschrieben hat. Dieses Buch wurde zuerst in spanischer und englischer Sprache verlegt. Ein großer Erfolg. Die ganze Welt interessierte sich für Tito.

1948, als es zum Bruch zwischen Stalin und Tito kam, fiel Theo mit seinem Buch in Ungnade. Erst in Jugoslawien, dann in Prag. Nach der Verhaftung seiner Frau war der unliebsam gewordene Autor zum Zwangsaufenthalt in die Provinz geschickt worden. Aber jetzt hatten die Balks das Ärgste hinter sich. Sie konnten wieder in Prag leben. Um mit Verlegern zu verhandeln, erlaubte man ihnen eine Reise in die DDR. Nach Ankunft in Berlin wollten sie zuerst mit Janka sprechen. Er sollte sie beraten.

Da der Tag bis zur letzten Minute ausgefüllt war, konnte Janka die Gäste nicht sofort empfangen. Er versprach, den Abend mit ihnen zu verbringen. Die Sekretärin beauftragte er, einen Tisch im Hotel Newa zu bestellen.

Gegen 18 Uhr läutete das Telefon. Am anderen Ende der Leitung sprach die Rechtsanwältin Gentz. Janka hatte sie am Vormittag gebeten, nach dem Verbleib von Wolfgang Harich zu forschen.

Der war, eine Woche zuvor, am 29. November 1956 in seiner Wohnung von der Staatssicherheit verhaftet worden. Zugegen waren seine Mutter und die Studentin Irene Giersch.

Frau Gentz sprach verschlüsselt. Feststellen konnte sie nichts. Die Staatsanwaltschaft verweigerte die Auskunft. Man gab nur den Hinweis, daß die Presse ein Kommuniqué veröffentlicht habe, in dem alles gesagt sei. Um unsere Bemühungen fortzusetzen, schlug sie vor, Rechtsanwalt Friedrich Kaul aufzusuchen. Der könne mehr erreichen. Jankas Einverständnis voraussetzend, hatte sie für 19 Uhr eine Verabredung in dessen Kanzlei getroffen.

Das Gespräch mit Kaul dauerte eine Viertelstunde. Er tat ahnungslos. Als ihn Janka fragte: «Werden Sie die Verteidigung übernehmen?» Antwort: «Nein! Ich sehe keine Möglichkeit, etwas für Harich zu tun. So harmlos, wie Sie die Dinge darstellen, sind sie nicht. Politische Differenzen sind kein Anlaß, um jemand zu verhaften. Dahinter stehen andere Dinge...»

Auf der Straße überlegten Janka und Gentz, was man noch versuchen könnte. Sie kamen zu keinem Ergebnis. Da Janka im Newa erwartet wurde, fragte er Frau Gentz: «Kennst du das Schriftstellerehepaar Balk?» Sie antwortete: «Ich kenne nur einen Roman von Balk.» – «Dann komm mit», ermunterte sie Janka. «Für einen Anwalt sind die beiden ein interessanter Fall.»

Bei aller Freude über das Wiedersehen war der Abend im Newa bedrückend. Was die Gäste aus Prag erzählten, hatte stark beeindruckt. Da Janka Mantel und Aktentasche im Verlag gelassen hatte, fuhr er in die Französische Straße zurück. Zu seinem Erstaunen wurde nicht geöffnet. Er mußte energisch klopfen, bis der Pförtner die Tür einen Spalt öffnete. Auf die Frage: «Warum werde ich nicht eingelassen?» antwortete der Pförtner: «Ich darf heute niemand hereinlassen. Gehen Sie schnell weg.» In der Annahme, daß es sich um einen Scherz handelt, sagte Janka: «Was soll der Blödsinn? Machen Sie auf! Ich bin in Eile.»

Widerwillig öffnete der Pförtner die Tür. Dann verschloß er sie sofort wieder. Auch das war ungewöhnlich. Der Pförtner hatte ja gesehen, daß Jankas Frau und die Rechtsanwältin Gentz im Wagen saßen. Erstaunt über das Benehmen, fragte Janka: «Was ist los? Irgend etwas stimmt doch nicht. Erzählen Sie schon.»

Mit einem Blick auf die Uhr berichtete der Pförtner, was sich am Morgen zugetragen hatte. Als Janka in der

Loge eine Frau sitzen sah, sagte der Pförtner: «Meine Frau. Ich will nicht allein sein, wenn die Staatssicherheit kommt.»

Um den alten Mann zu beruhigen, bagatellisierte Janka das Vorgehen der Staatssicherheit und sagte: «Sie müssen die Leute hereinlassen. Kontrollieren Sie die Ausweise, bevor Sie die Kette von der Tür abnehmen. Wahrscheinlich wollen sie das Büro von Harich durchsuchen. Aber Ihre Frau kann nicht hierbleiben, sonst bekommen Sie Ärger.» Janka bat die Frau, in seinem Wagen Platz zu nehmen. Er würde sie in ihre Wohnung bringen.

Im Büro schloß Janka alles sorgfältig ab. Die Druckbogen und Unterschriftsmappen auf dem Schreibtisch ordnete er so an, daß sofort erkennbar wird, ob sich jemand daran zu schaffen gemacht hat. Die Übersetzung der großen Rede von Tito, in der die Ereignisse in Polen und Ungarn analysiert wurde, nahm er mit. Jugoslawische Reden und Zeitungen wurden scharf unterdrückt.

Die Korrekturbogen eines neuen Buches von Georg Lukács, in dem er sich mit den Theorien über sozialistischen Realismus auseinandersetzte, und das Manuskript für einen Artikel von Ernst Bloch, den Janka im *Sonntag* veröffentlichen sollte, blieben liegen. Daß diese Schriften später als Beweis für staatsfeindliche Aktivität herangezogen werden sollten, ahnte Janka nicht.

Als Janka den Verlag verließ, bat er den Pförtner anzurufen, sobald die Staatssicherheit gegangen sei. Auf der Fahrt nach Hause wurde gerätselt, was das alles bedeuten mag. Klar war, daß die Ereignisse in Polen und Ungarn als Vorwand dienten, jede Diskussion über den XX. Parteitag zu unterdrücken. Das Politbüro hatte erklärt, in der DDR habe es keinen Personenkult gegeben, und unter Ulbricht wurden weder Fehler noch Verbrechen begangen. Wer also den Versuch wagte, Beschlüsse des XX. Parteitages auf die Verhältnisse in der DDR anzuwenden, machte sich zum Parteifeind.

Um 5 Uhr läutete das Telefon. Der Pförtner berichtete: «Gegen 23 Uhr kamen vier Männer. Sie haben nur die Schlüssel zu Ihren Räumen genommen. Drei sind nach oben gegangen. Einer blieb bei mir. Das Telefon durfte ich nicht mehr abnehmen. Später holten sie noch die Schlüssel zur Buchhaltung. In das Zimmer von Harich sind sie nicht gegangen. Vor fünf Minuten haben sie das Haus verlassen. Ob sie etwas mitgenommen haben, weiß ich nicht.»

Janka fragte, ob er den Besuch ins Kontrollbuch eingetragen hat. Der Pförtner verneinte. Sie hätten es untersagt. Mit diesem Anruf war die Nacht zu Ende.

Im Verlag empfing ihn die Sekretärin mit Ungeduld. Sie sprach sofort von Anmeldungen und Dingen, die Janka an diesem Morgen nicht interessierten. Um ihrer Rede ein Ende zu bereiten, sagte er: «Das hat Zeit. Kommen Sie. Wir haben zu schreiben.»

Ein Blick auf den Schreibtisch genügte. Die Manuskripte und Fahnen lagen anders, als er sie hinterlassen hatte. Schreibtisch und Safe waren mit Nachschlüsseln geöffnet worden. Sein Zorn über das beleidigende Vorgehen war maßlos. Er mußte sich zusammennehmen, um nicht die Nerven zu verlieren.

Um 9 Uhr war Janka beim Minister angemeldet. In der verbleibenden Zeit schrieb die Sekretärin seine Beschwerde in die Maschine. Gleich nach den ersten Sätzen zitterten ihr die Hände so sehr, daß sie nicht weiterschreiben konnte. Unter Tränen sagte sie: «Mein Schreibtisch wurde auch geöffnet. Ich dachte, Sie hätten etwas gesucht.» Ärgerlich sagte Janka: «Unterbrechen wir einen

Moment und beruhigen Sie sich. Sie haben keinen Grund, ängstlich zu werden. Das gilt nur mir.»

Der Minister unterbrach das Diktat eines Gedichts und schickte die Sekretärin hinaus. Da er nicht wußte, warum Janka gekommen war, las er das nicht zu Ende diktierte Gedicht vor. Dann sah er ihn an und wartete auf eine Äußerung. Janka wußte nicht, ob er lachen oder einen Tobsuchtsanfall bekommen sollte. Dann sagte er aber: «Die Poesie ist mir heute verleidet. Ich habe andere Sorgen.»

«Kommst du wegen Harich? Ich kann nicht mehr sagen, als was die Zeitungen berichten. Hier, sieh dir die Westpresse an.» Dabei schob der Minister einen Berg Zeitungen über den Tisch. «Oder hast du etwas erfahren?» Ohne Antwort abzuwarten, sagte er noch: «Paul Wandel wollte dich sprechen. Hast du ihn gesehen?»

Janka legte den Bericht auf den Tisch und sagte: «Nein. Lesen Sie bitte. Das kürzt unser Gespräch ab. Und wenn Sie den Bericht gelesen haben, hätte ich gern eine Antwort auf die Frage, ob ich die Leitung des Verlags niederlegen kann?»

Die Hände des Ministers zitterten beim Umblättern der Seiten. Als er fertig war, sah er verlegen über den Tisch. Der redegewandte Poet fand keine Worte. Schließlich stand er auf und ging in seinem großen Zimmer hin und her. Nach längerem Schweigen sagte er: «Laß den Bericht hier. Ich werde mit Ulbricht sprechen oder mit Wollweber.»

Janka sagte: «Inzwischen gehe ich zum Anwalt. Er soll Anzeige erstatten. Die Erpressung eines Angestellten, das illegale Eindringen in den Verlag ohne Zeugen sind ungesetzlich.»

Der Minister erwiderte: «Damit wirst du nichts ausrichten. Die Staatssicherheit kann machen, was sie will. Mich interessiert, was dahintersteckt.»

Janka antwortete: «Das ist unschwer zu erraten. Wie Sie wissen, diskutieren wir im Verlag über Ungarn und Polen. Auch über den Personenkult, den es in der DDR nicht gibt. Gewissen Leuten paßt das nicht. Hinzu kommt, daß ich als Westemigrant längst fällig bin...»

Der Minister bemerkte: «Ob die Westemigration eine Rolle spielt, weiß ich nicht.» Dann brach er ab. Machte keinen Versuch, Janka zu beruhigen.

Im Verlag überfiel die Sekretärin Janka mit Anmeldungen und Anrufen. Alle wollten ihn sprechen. Mit einem Blick zur Tür des Arbeitszimmers flüsterte sie: «Frau Harich wartet.» Janka: «Sie wissen doch, daß ich es nicht leiden kann, wenn Besucher im Zimmer sitzen, bevor ich den Mantel abgelegt habe.» Zur Entschuldigung erwiderte die Sekretärin: «Sie hat geweint. Ich wollte nicht, daß sie in diesem Zustand gesehen wird.» Janka nickte: «Welche Frau Harich will mich denn sprechen?» Kurz antwortete sie: «Die Mutter.»

Die über Fünfzigjährige machte einen beklagenswerten Eindruck. Sie hatte schon schwere Schläge hinnehmen müssen. Erst hatte sich ihr Mann das Leben genommen. Warum? Janka hat es nie erfahren. Ein paar Jahre nach Kriegsende hatte sich ihre Stieftochter Susanne Kerkhoff vergiftet. Anlaß zu diesem Kurzschluß war eine Liebesaffäre. Der Selbstmord war unverständlich.

Frau Harich trocknete die Tränen. Dann fragte sie: «Warum wurde mein Sohn verhaftet?» Janka antwortete: «Keine Ahnung. Hat denn die Staatsanwaltschaft keine Gründe angegeben?» Sie antwortete: «Ja, natürlich. Sie behauptet, er wollte Ulbricht stürzen. Aber diesen Unsinn kann doch niemand ernst nehmen.» Nach einer Weile fragte sie: «Kann der Verlag meinem Sohn helfen?»

«Wir werden es versuchen.» Dann gab ihr Janka den

Rat, sich auch an andere Personen zu wenden, die mehr erreichen können.

Bitter antwortete sie: «Das habe ich schon versucht. Aber wo ich vorspreche, lassen sich die Herren verleugnen. Im Zentralkomitee der SED wurde ich schon in der Anmeldung abgewiesen. Staatsanwalt Jahnke sagte, ich soll von unnötigen Rückfragen Abstand nehmen.»

«Und Ihr Chef, Fritz Erpenbeck», fragte Janka. «Der stand doch recht gut mit Ihrem Sohn.» – «Er hat versprochen, daß ich weiter bei ihm arbeiten darf.» – «Wie großmütig», warf Janka ein. Dann fügte er hinzu: «Mehr nicht?» – «Er könne nichts tun, weil er nicht wisse, worum es geht.»

«Und der Minister?»

«Dasselbe», antwortete sie enttäuscht. «Er ist nicht einmal an den Apparat gekommen. Durch die Sekretärin ließ er ausrichten, daß ich mich an die Staatsanwaltschaft wenden müsse. Er sei nicht zuständig.»

Eine halbe Stunde später kam Ysot. Sie war mit Harich verheiratet gewesen. Vor einem Jahr hatte sie sich von ihm scheiden lassen. Aber trotz Scheidung war es nicht zum völligen Bruch gekommen. Aus der Ehe war eine Tochter hervorgegangen, an der beide hingen. Der Hauptgrund aber war sicher ein anderer. Brecht hatte zu Harich lange ein wohlwollendes Verhältnis. Daß Ysot daraus ihren Vorteil zog, war sicher nicht einkalkuliert, verfehlte aber die Wirkung auf den ehrgeizigen Harich nicht. Durch Brechts Verhältnis zu Ysot – er hatte sie zur Assistentin gemacht – fühlte sich Harich mehr geschmeichelt als verletzt. Und er erzählte allen, daß er sich mit Brecht friedlich geeinigt habe.

Nach Brechts Tod blieb Ysot dennoch im Berliner Ensemble. Heli (Helene Weigel), die nunmehr die Alleinherrschaft im Theater angetreten hatte, versetzte sie in die Dramaturgie. Nach außen hin waren damit alle Sünden vergeben.

Und jetzt kam Ysot im Auftrag von Heli zu Janka. Sie sagte: «Ich wäre ohnehin gekommen. Du bist doch der einzige, der etwas für Wolfgang unternehmen wird. Heli ist über die Verhaftung empört.»

«Empörung nutzt nichts. Die Frage ist, was getan werden kann und wer etwas tut.» Ysot fiel ihm ins Wort und sagte: «Gerade darüber will Heli mit dir reden. Du sollst sie heute nachmittag in der Chausseestraße besuchen.»

Janka gab ihr die gleiche Antwort wie der Mutter von Harich und versprach, am Nachmittag zu kommen. Als das Gespräch beendet war, sagte Ysot: «Sei vorsichtig. Sonst lassen sie dich auch verschwinden. Ohne Brecht sind wir schwach geworden. Schade, daß er nicht mehr lebt.»

Im Vorzimmer wartete inzwischen Willi Bredel. Er wollte wissen, was passiert ist. Noch bevor Janka etwas sagen konnte, fragte er: «Steht die Verhaftung Harichs mit der Reise nach Hamburg in Verbindung? Ich habe merkwürdige Dinge gehört.»

«Dann weißt du mehr als ich. Von wem hast du denn die merkwürdigen Dinge erfahren?» Eine klare Antwort war nicht zu bekommen. Bredel sprach vom Rias, der die Reise kommentiert habe. Im weiteren Verlauf des Gesprächs wurde aber klar, daß sich die Informationen nicht auf den Rias stützten.

Janka ließ ihn die Durchschrift des Berichts an den Minister lesen. Bredels Erregung wurde sichtbar. Als ihm die Sekretärin Kaffee brachte, konnte er die Tasse kaum halten. Der geschilderte Vorgang war gewiß nicht der alleinige Anlaß für die Erregung. Er wird an sich selbst gedacht haben. Kontakte zu Personen, für die sich die Staatssicherheit interessiert, bringen immer Ärger ein.

Niemand weiß, was sich daraus entwickelt. Zumal bekannt war, daß er und seine Frau zu Janka enge Kontakte pflegten. Bredel drückte ihm die Hand und sagte: «Ich kann nicht glauben, daß sie dich verhaften.»

Die Sekretärin hatte Ernst Bloch aus Leipzig am Apparat. Der Philosoph schien die Nerven zu verlieren. Er schimpfte und forderte, daß sein Protest gegen die Verhaftung Harichs im *Sonntag* abgedruckt wird. Janka beruhigte ihn halbwegs und vereinbarte, daß sie sich am nächsten Tag in Berlin treffen, um alles zu besprechen.

Der nächste Anruf kam von Anna Seghers. Sie fragte: «Hast du Nachricht von Georg Lukács?»

«Nein.»

«Weißt du etwas über Harich?»

«Nein.»

«Kannst du es einrichten, mit mir zu essen? Ich muß dich sprechen.»

«Ja. Wo und wann?»

«Ich fahre jetzt zu Jeanne Stern. Danach können wir uns im Pankower Ratskeller treffen.»

«Um wieviel Uhr?»

«Um 1 Uhr.»

«Ich komme.»

Nachdem Janka aufgelegt hatte, ließ er Kurt Stern hereinkommen. Er kam selten in den Verlag. Sein Hauptinteresse galt dem Film. Nur gelegentlich machte er Übersetzungen aus dem Französischen. Recht gute sogar. Diesmal aber war er gekommen, um Vorschläge zu machen, sein Buch ‹Stärker als die Nacht› zu propagieren. Janka hörte geduldig zu und versprach, den Werbeleiter zu interessieren. Dann wechselte Stern das Thema. Er berichtete über einen Krach im Schriftstellerverband, wo man sich nicht über die vom Vorstand eingebrachte Ungarn-Resolution einigen konnte. Sie würde die Motive für die Kämpfe in Ungarn auf die verräterische Rolle der Intellektuellen reduzieren. Lukács, Hay und Déry seien Wortführer der Konterrevolution. Bei diesen Beschuldigungen sei der wildeste Mann der Kantatensänger auf Stalin: Kuba (Kurt Bartels).

«Das ist nicht verwunderlich», bemerkte Janka. «Uns hat er eine Zuschrift für den *Sonntag* geschickt. Darin behauptet er, daß auch unsere Schriftsteller im Sumpf des Petöfi-Kreises schwimmen und die Konterrevolution in der DDR vorbereiten. Wir werden diesen Unsinn natürlich nicht veröffentlichen.»

Stern unterbrach und sagte: «Genau die Kuba-Theorie möchte man uns aufzwingen. Aber da machen wir nicht mit. Wir haben einen eigenen Entwurf ausgearbeitet, den wir heute zur Abstimmung bringen. Darf ich ihn dir vorlesen?»

Der Text zeugte von mehr Verständnis für das Geschehen in Ungarn. «Wenn du mich so direkt fragst, muß ich antworten, daß mich auch eure Haltung nicht ganz befriedigt. Immerhin. So wie die Dinge liegen, ist nicht mehr durchzusetzen. Die ganze Wahrheit läßt sich leider nicht sagen. Bleibt nur die Möglichkeit, wenigstens keine Unwahrheiten zu verbreiten. Und was das betrifft, ist eure Entschließung vertretbar.»

Die Sekretärin fragte, ob sie das Essen heraufbringen lassen solle.

«Nein, ich bin mit Frau Seghers verabredet.»

Auf der Treppe trat ihm der Abteilungsleiter für innere Verwaltung in den Weg. Trotz Jankas Eile ließ er sich nicht abweisen. Er sagte einfach: «Der Pförtner wurde in die psychiatrische Abteilung der Charité eingeliefert. Seine Frau erzählt unverständliches, wirres Zeug.»

«Sagen Sie ihr, daß ich mich um ihren Mann kümmern werde. Bis ich zurückkomme, besorgen Sie mir eine Flasche Wein und ein paar Apfelsinen. Das will ich mitnehmen. Gegen 15 Uhr komme ich. Den Nachtdienst muß ein anderer Pförtner übernehmen.»

Das Essen im Ratskeller war miserabel. Vielleicht war es nur die Nervosität, die den Appetit verdorben hat. Jedenfalls rührte er kaum etwas an. Der Ober ärgerte sich darüber.

Zuerst fragte ihn Anna Seghers, warum er nicht nach Budapest gefahren sei, um nach Lukács zu forschen. Er antwortete: «Es war alles vorbereitet. Becher hat aber noch mit Ulbricht gesprochen. Der hat die Reise untersagt.»

«Mit welcher Begründung?»

«Ulbricht ist kein Freund von Lukács. Er dürfte kaum ein Interesse haben, daß wir uns für Lukács verwenden.»

Plötzlich fragte Anna Seghers, ob Janka mit ihr zum sowjetischen Botschafter gehen würde. Sie kenne Puschkin gut. Er habe ihr wiederholt angeboten zu helfen, wenn es nötig sei. Das Schicksal von Harich kann ihm nicht gleichgültig sein. Er hat erst kürzlich lange mit ihm gesprochen.

«Das ist mir bekannt. Harich hat es erzählt. Trotzdem. Ich möchte nicht zu Puschkin gehen.»

«Warum nicht?»

«Weil ich selbst mit Überraschungen rechnen muß.» Und jetzt erzählte ihr Janka, was in der vergangenen Nacht geschehen war. Da er erregt und etwas lauter zu sprechen begann, sagte Frau Seghers: «Was sind denn das für Leute am Nachbartisch? Sie beobachten uns.»

Nach kurzem Hinschauen sagte Janka: «Staatssicherheit. Die Gesichter sind danach.» Daß seine Vermutung richtig war, sollte sich bald bestätigen. Er rief den Ober und zahlte die Rechnung. Als sie den Ratskeller verließen, erhoben sich auch die Beobachter vom Nachbartisch.

Auf dem Weg zum Parkplatz sagte Anna Seghers: «Ich halte es für ausgeschlossen, daß sie mit dir so verfahren wie mit Harich. Du bist seit dreißig Jahren in der Partei und genau das, wovon wir soviel reden: ein Arbeiter mit Vergangenheit und Vertrauen. Und du hast Freunde. Auch außerhalb der DDR. Die Manns, Feuchtwanger, Laxness, Frank. Auch Aragon und Fedin werden sich für dich einsetzen. Sogar der Baron in München, Johannes von Guenther.»

Janka schüttelte den Kopf und erwiderte: «Glaubst du wirklich, daß sich Ulbricht darum schert?»

Anna Seghers antwortete nicht. Als sich Janka verabschiedete, sagte er: «Wenn es zum Schlimmsten kommen sollte, wäre es an der Zeit, daß sich unsere Schriftsteller entschlossener für die Wahrheit einsetzen.»

Beim Anfahren des Wagens beobachtete er im Rückspiegel, wie die Späher vom Nachbartisch den Ratskeller verließen und einen schwarzen BMW bestiegen. Er hatte sich also nicht geirrt. Ob sie ihm gefolgt sind, weiß er nicht. Wenn sie es taten, müssen sie ihre Mühe gehabt haben. Er fuhr mit großer Geschwindigkeit in den Verlag zurück.

Auf dem Schreibtisch waren viele Vorgänge zurechtgelegt. Wieder gab es Terminbitten. Alle dringend. Janka kümmerte sich nicht darum. Es gab Wichtigeres. Nur der Werbeleiter ließ sich nicht abweisen. Zwei Minuten wollte er beanspruchen. Nachdem die Tür geschlossen war, sagte er: «Ich komme im Auftrag vieler Mitarbeiter. Wir sind in Unruhe. Wir möchten wissen, was wir für Sie tun können?»

«Was glauben Sie denn, was ihr tun könnt?»

«Darf ich offen sprechen?»

«Bitte. Aber sprechen Sie leise. Mein Telefon hört mit.»

«Wir sind der Meinung, daß Sie für ein paar Tage verschwinden müssen.»

Janka fiel ihm ins Wort: «Lieber Freund, solche Vorschläge will ich nicht hören. Sie sind falsch. Ein derartiger Schritt wäre genau das, was gewisse Leute wünschen. Nein, kommt nicht in Frage.»

«Aber was können wir tun, wenn man Sie verhaftet?»

«Nichts, lieber Freund. Oder doch. Etwas könnt ihr tun. Etwas sehr Wertvolles. Auf Verleumdungen nicht hereinfallen.»

«Ohne Erlaubnis dürfen Patienten der Nervenklinik keinen Besuch empfangen. Außerhalb der Besuchszeit schon gar nicht.» Die Oberschwester fügte durch das vergitterte Fensterchen noch hinzu: «Wenden Sie sich an das Sekretariat. Morgen. Heute ist es zu spät.»

Die letzten Worte konnte Janka nur erraten, weil das Fenster schnell zuklappte. Aber so leicht ließ er sich nicht wegschicken. Er drückte den Finger auf den Klingelknopf und zog ihn erst zurück, als die verärgerte Schwester die Tür öffnete und mit energischer Stimme auf ihn losging. Janka lächelte und sagte: «Oberschwester, ich verfüge über einen Ausweis, der mir alle Türen öffnet. Bitte!» Ob nun das Wort Ausweis oder das Lächeln Wunder bewirkte, weiß er nicht. Mit einem flüchtigen Blick auf den vorgehaltenen Ausweis gab sie den Eingang frei. Und das war Jankas Glück. Er besaß nämlich nur den Betriebsausweis des Verlages. Außerhalb war dieser ohne Wert.

Janka zeigte ihr den Korb mit Apfelsinen und sagte:

59

«Ich habe Auftrag, mit Herrn Linkewicz zu sprechen. Sie wissen doch, worum es geht.» Weniger aggressiv erwiderte die stämmige Dame: «Ich weiß nichts. Kommen Sie.» Dabei wird sie gedacht haben, daß der Besucher von der Staatssicherheit ist. Und gegen die kann sie nichts ausrichten.

Die Unterhaltung mit dem Pförtner war traurig. Fast glaubte Janka, der Mann sei wirklich irre geworden. Die Angst saß ihm so sehr im Nacken, daß er an allen Gliedern zitterte. Zusammenhängend konnte er überhaupt nichts sagen. Der Versuch, ihn zu beruhigen, gelang nicht. Er sah sich schon im Gefängnis. Und schuld war Jankas Bericht an den Minister.

Auf die Frage, wie und wann er denn hierhergekommen sei, antwortete der Pförtner: «Die Genossen von gestern sind wiedergekommen und haben gesagt, ich sei krank und müsse sofort in die Klinik. Mit einer Ambulanz haben sie mich dann hierhergebracht.»

Die Grenze des Wahnsinns war überschritten. Es blieb keine andere Möglichkeit, als dem armen Mann zu versprechen, daß er bald nach Hause gehen kann. Aber er hörte gar nicht hin. Geistesabwesend betrachtete er die Apfelsinen. Als wären sie ein neues Übel. Etwas Unerlaubtes. Dann nahm er Jankas Hand und ließ sie lange nicht los. Er weinte wie ein Kind.

Entschlossen, alles aufzudecken, nichts und niemand zu schonen, fuhr Janka zu Helene Weigel. In der Chausseestraße führte ihn die Hausangestellte in das Schlafzimmer. Frau Weigel lag, wie es in den Nachmittagsstunden ihre Gewohnheit war, in ihrem requisitenartigen Bett. Zu beiden Seiten waren auf herangeschobenen Tischen Bücher, Manuskripte und Zeitungen ausgebreitet. An den Wänden standen vollgestopfte Bücherregale und ein riesiger Kleiderschrank. Die herumstehenden unbequemen Sessel erinnerten auch an Requisiten. Die knarrenden Dielen waren mit Teppichen ausgelegt. Nachdem Tee und Gebäck gebracht, eine Mitarbeiterin verabschiedet war, blieben sie ungestört.

Im Unterschied zu anderen Prominenten, die sich immer uninformiert stellten oder ratlos zeigten, war sie gut unterrichtet. Auch bei Brecht war das der Fall gewesen. Das lag nicht nur daran, daß er überall Freunde hatte, die ihm Mitteilungen machten. Wenn es nur dieser Umstand gewesen wäre, gab es genug Leute, die über weitaus bessere Informationsquellen verfügten. Brecht hatte nur etwas mehr Mut zum Informiertsein. Und das traf auch auf seine Frau zu.

Beim Einschenken des Tees sagte sie ohne Umschweife: «Diese Schweinerei mit Harich ist ein Rückfall in die schlimmste Zeit. Man darf sie nicht widerstandslos hinnehmen.»

Janka fragte: «Wie stellst du dir denn Widerstand vor?»

«Brecht sagte nach dem XX. Parteitag, daß man bei Wiederholung solcher Erscheinungen die Arbeiter in den Streik führen muß. Das sei die einzige Möglichkeit, den Terror der Bürokratie wirksam zu bekämpfen.» Nach einer kleinen Weile fügte sie hinzu: «Laß den Verlag in den Streik treten. Deine Leute stehen doch hinter dir. Wir brauchen jetzt ein Beispiel.»

«Heli, ich weiß, was Brecht gesagt hat. Und beide wissen wir, daß er eine Vorstellung hatte, was man tun kann. Aber er ist tot.»

«Das ist kein Grund, seinen Gedanken nicht zu folgen.»

«Gewiß nicht. Aber wir müssen uns hüten, naive

Schlußfolgerungen zu ziehen. Brecht hätte niemals geglaubt, daß wir mit einem Streik von zweihundert Verlagsangestellten auch nur das Geringste erreichen könnten. Er würde lachen, wenn wir uns zu einem solchen Kurzschluß hinreißen ließen. Wenn er an Streik dachte, meinte er Arbeiter in Großbetrieben. Und dabei konnte er sich auf Lenin berufen.» Nach einer Weile fügte Janka hinzu: «Dein Vorschlag wäre sinnvoll, wenn er sich an den Direktor der Leuna-Werke richten würde...»

Als Janka ging, sagte Heli: «Unser Dilemma ist die Hilflosigkeit der Arbeiter.»

Janka unterbrach: «Nein. Es ist die Isolierung der Intellektuellen von den Arbeitern.»

Sie erhob sich und begleitete ihn zur Tür: «Du hast sicher recht. Aber wehren müssen wir uns schon jetzt. Gerade wir Künstler müssen etwas tun.»

Drei Stunden später stand sie auf der Bühne. Das Berliner Ensemble spielte ‹Mutter Courage›.

Vor dem Verlag parkte ein neuer Mercedes mit Westberliner Kennzeichen. Janka wußte sofort, wer da wartet: der Westberliner Fahrer von J. R. Becher. Um den sonstigen Besuchern auszuweichen, die schon im Vorzimmer saßen, ging er in die Kantine. Über den Hausapparat bat er die Sekretärin, den Besucher aus West-Berlin in die Kantine zu schicken.

Der Besucher war noch nicht verabschiedet, als der Leiter für innere Verwaltung an den Tisch trat. Erregt sagte er: «Soeben haben ein paar Herren das Haus betreten. Sie benehmen sich merkwürdig.»

«Wieso merkwürdig? Sind es Ausländer?»

«Nein. Sie tragen Ledermäntel. Den Pförtner haben sie einfach auf die Seite geschoben, als er die Ausweise sehen wollte.»

Die Männer in Ledermänteln kamen Janka auf halber Treppe in großer Hast entgegen. Ein paar Stufen hinter ihnen folgte eine Mitarbeiterin der *Sonntags*-Redaktion.

«Mitkommen!» Das war alles, was die Herren zu sagen wußten. Eine Reaktion von Janka erwarteten sie nicht. Sie nahmen ihn in die Mitte und drängten die Treppe hinauf. Der vorausgehende Mann stieß die Tür zu Jankas Räumen geräuschvoll auf. Der Mann hinter ihm schob ihn unsanft ins Zimmer.

Im Vorzimmer sah Janka mehrere Besucher warten. Darunter einen Freund aus Paris, den Aragon geschickt hatte. Unangemeldet war auch der Kunstkritiker Maurice Pianzola aus der Schweiz gekommen. Er stand mit dem Aufbau-Verlag wegen der Herausgabe seines Werkes ‹Bauern und Künstler› in Verbindung. Die im Vorzimmer beobachteten Vorgänge veranlaßten ihn, den Verlag fluchtartig zu verlassen. Sein Buch erschien fünf Jahre später im Hensel-Verlag.

Auch der stellvertretende Chefredakteur des *Sonntag* wartete. Die Sekretärin stand an ihrem Schreibtisch. Sie sagte kein Wort. Um Janka die Chance des Entkommens zu geben, hatte sie den Sicherheitsleuten nicht gesagt, daß er in der Kantine war. Erst die Mitarbeiterin im *Sonntag* hatte diese Nachricht den Herren in den Ledermänteln verkündet.

Nachdem die Tür geschlossen war, stellte sich der eine zwischen Janka und dem Schreibtisch. Verächtlich, die Lippen kaum bewegend, sagte er: «Sie sind verhaftet.»

In diesem Augenblick läutete das Telefon. Als Janka den Hörer abnehmen wollte, kam der andere zuvor. Er legte die Hand auf den Apparat: «Telefoniert wird nicht mehr. Nehmen Sie den Mantel und folgen Sie uns!»

Janka sah die beiden an: «Wollen Sie sich nicht ausweisen?»

Wortlos zeigten sie jetzt ihre Ausweise. Nehmen durfte sie Janka nicht. Sie hielten sie nur so, daß er sie sehen konnte. Kein Zweifel. Die Ausweise waren echt. So echt wie die Mäntel aus gutem Rindsleder.

«Wo ist der Haftbefehl?»

Wieder wortlos nahm der eine, der die Hand auf dem Hörer hatte, die andere aus der Tasche und zeigte ein zerknittertes Stück Papier in Postkartengröße. Darauf stand fett gedruckt: «Haftbefehl.» Hinter dem Wort ‹Grund› war mit Schreibmaschine eingesetzt: «Leitung einer staatsfeindlichen Gruppe, die das Ziel verfolgt, die Regierung Otto Grotewohl, Walter Ulbricht und Johannes Dieckmann zu stürzen, das Polit-Büro der SED unter Führung von Walter Ulbricht, Otto Grotewohl, Karl Schirdewan und Hermann Matern gewaltsam zu beseitigen.»

Wieder läutete das Telefon. Wieder durfte Janka den Hörer nicht abnehmen. Die Sekretärin kam ins Zimmer: «Der Minister will Sie sprechen.»

Janka fragte die Männer: «Verbieten Sie, mit dem Minister zu sprechen?»

«Sie sprechen mit niemand.»

Janka richtete das Wort an die Sekretärin und sagte: «Frau Bernhardt, ich bin verhaftet. Fragen Sie den Minister, ob er auf ein paar Minuten in den Verlag kommen kann. Ich möchte ihm in Gegenwart dieser Herren etwas sagen. Und dann versuchen Sie, meine Frau zu benachrichtigen.»

Der schrankbreite Mann trat drohend an die Sekretärin heran: «Sie haben nichts auszurichten und niemand zu benachrichtigen. Verstanden? Und jetzt verlassen Sie das Zimmer!»

Janka unterbrach den forschen Mann und sagte: «Sie würden gut daran tun, sich auf Ihre Aufgaben zu be-

64

schränken. Meiner Sekretärin haben Sie keine Anweisungen zu geben. Frau Bernhardt, tun Sie, was ich Ihnen gesagt habe.» Und so geschah es. Sehr zum Zorn der Sicherheitsleute. Schon nach einer Minute trat die Sekretärin wieder ins Zimmer: «Der Minister läßt die Herren fragen, ob sie Bedenken gegen sein Erscheinen haben.»

«Sagen Sie dem Genossen Minister, daß wir sein Erscheinen nicht wünschen.» An Jankas Adresse gerichtet, sagte der andere im Kommandoton: «Kommen Sie! Und damit Sie Bescheid wissen, bei Fluchtversuch wird geschossen!» Um diesem Hinweis Nachdruck zu verleihen, zeigten beide die in den Manteltaschen verborgenen Pistolen.

Janka erwiderte: «Wenn ich Ihnen nichts zutrauen würde, das glaube ich aufs Wort.»

Bevor das Zimmer verlassen wurde, riß der Anführer das Fenster auf und gab mit einer Taschenlampe den auf der Straße wartenden Autos Blinkzeichen.

Im Vorzimmer nickte Janka der Sekretärin zu. Die Hand durfte er ihr nicht geben. Den Wartenden sagte er: «Tut mir leid. Sie sehen ja, was hier geschieht.» Mehr konnte er nicht sagen. Ein Stoß in den Rücken. Er war draußen.

Auf der Treppe hatten sich viele Mitarbeiter eingefunden. Alle Lektoren und Redakteure. Stumm verabschiedeten sie sich von ihrem Chef. Unverkennbar war die Empörung gegen die Männer, die ihn in die Mitte genommen hatten. Bevor Janka auf die Straße geschoben wurde, mußte er die Ärmel zurückschieben, um Platz für die Handschellen zu machen. Ein Mitarbeiter trat heran und wollte noch etwas sagen. Er kam nicht dazu. Die Männer stießen ihn zurück.

Auf der Straße standen schwarze Limousinen bereit. Sie bildeten den Konvoi, der Janka ins Gefängnis brachte. In schneller Fahrt ging es am Weihnachtsmarkt auf dem Marx-Engels-Platz vorbei. Am Alexanderplatz stoppten die Wagen. Dann bogen sie in die Leninallee ein. Es regnete in Strömen. Viele Menschen kamen von der Arbeit. Mattes Licht verlieh dem Gewimmel eine düstere Atmosphäre. Die durch Pfützen fahrenden Autos bespritzten die Fußgänger. Der Fahrer scherte sich nicht darum.

Die Luft im Wagen war zum Ersticken. Die Männer dampften unter ihren Mänteln. Schwitzwasser beschlug die Scheiben. Immer wieder mußte der Fahrer die Windschutzscheibe freiwischen.

An der Endstation der Straßenbahn ging es nach rechts. Hinter einem rot-weißen Schlagbaum stoppte der Konvoi. Das Auto, in dem sich Janka befand, setzte die Fahrt fort. Zu beiden Seiten der Straße Villen, offenbar für die Offiziere. Weiter zurück waren Neubauten im Entstehen. Wohnungen für die niederen Dienstgrade. Alles streng bewacht.

Am Ende des ausgedehnten Wohnkomplexes zeichnete sich eine hohe Betonmauer ab. Hinter dem Wagen schloß sich das Tor. Nach einem Rechtsschwenk um das Hauptgebäude bog der Wagen links ab. Nach einem zweiten Tor war die Fahrt zu Ende. Beim Einfahren streifte das Auto mit der rechten Wagenseite das Tor. Der vordere Kotflügel brach ab. In dem kleinen Hof warteten Uniformierte. Gesprochen wurde nicht. Den Weg wiesen sie mit Gesten. An der linken Seite einer Laderampe führten Stufen aufwärts.

Vor Zeiten hatte die Rampe besseren Zwecken gedient. Viele Millionen Tonnen Butter und Käse und Millionen Eier waren hier eingelagert und wieder verladen worden. Bolle hatte hier ein Kühlhaus. Bis es nichts mehr zum Kühlen und Einlagern in Deutschland gab.

In einer geräumigen Halle, von der Türen und Gänge abgingen, mußte Janka stehenbleiben. Sie war hell ausgeleuchtet. An der Wand hing ein überdimensionales Stalinbild. Nie zuvor hatte er einen solchen Stalin gesehen. Seit drei Jahren tot, wegen zügellosen Terrors von Chruschtschow verdammt, hatte er noch immer seinen Platz an dieser Wand. Draußen waren Stalinbilder, Büsten und Bücher längst entfernt worden. Sogar das Marx-Engels-Lenin-Stalin-Institut wurde umbenannt. Nur hier war alles offenbar noch beim alten geblieben.

Die argwöhnischen Augen, der schwarze Schnurrbart, größer als ein Besen, die gestutzte Frisur, der strenge Gesichtsausdruck, die niedrige Stirn, all das verlieh dem Porträt etwas Unheimliches. An dieser Stelle hatte sein Bild noch immer Berechtigung. Sein Geist mußte gerade hier gegenwärtig bleiben. Nach seinem Willen war das Kühlhaus umfunktioniert worden. Ohne sein Erbe könnte dieses Gefängnis nicht bestehen.

Janka wollte den Blick abwenden. Er durfte es nicht. Ein Posten fuhr ihn an: «Stehenbleiben! Den Blick zur Wand!» Als Janka den Kopf senkte, um das Bild nicht sehen zu müssen, trat ein anderer heran und sagte mit gespielter Ironie: «Kopf hoch!» Obgleich er das Gesicht des Mannes nicht sehen konnte, der von hinten herangetreten war, verriet seine Stimme, daß es «ein alter Bekannter» war.

Nachdem Janka das Stalinbild lange genug gesehen hatte, kam ein Offizier und nahm die Handschellen ab. Dann sagte er: «Ausziehen!»

Es blieb keine Wahl. Er mußte sich ausziehen. Die Garderobe legte er auf den Boden.

«Ganz ausziehen! Auch die Socken.» Ein anderer nahm die Kleider an sich und ging damit in einen Nebenraum.

Nun stand Janka splitternackt vor Stalin. Der Offizier deutete auf das Handgelenk und sagte: «Die Uhr!»

Ein weiterer Leutnant mit einer Stablampe trat heran und sagte: «Mund auf!» Janka öffnete den Mund und ließ sich in den Rachen sehen. «Arme hoch!» Beide Achselhöhlen wurden ausgeleuchtet und durch ein Vergrößerungsglas betrachtet.

Jankas Empörung war maßlos. Trotz des Vorsatzes, an diese Menschen kein Wort zu richten, sagte er: «Wer erlaubt Ihnen, mich wie einen Landstreicher zu behandeln?»

Der Offizier, der die Uhr in der Hand hielt, trat heran, blickte Janka in die Augen und sagte: «Hier stellen nur wir Fragen. Verstanden?»

Janka schwieg und sah an ihm vorbei.

Nach einer Sekunde kam es wieder: «Verstanden?»

Janka sah ihn kurz an und antwortete: «Ich bin nicht taub.» Aber damit war die Prozedur nicht zu Ende. Der Leutnant mit der Stablampe sagte: «Bücken! Noch tiefer! Mit beiden Händen die Arschbacken auseinanderziehen!»

Das war zu viel. Janka richtete sich auf und blieb stehen. Reagierte nicht mehr.

Der Offizier sagte, nachdem er Janka eine Weile angesehen hatte: «Wohl doch schwerhörig, was?»

Janka antwortete nicht.

Er sagte noch einmal: «Ich sagte, wohl doch schwerhörig!»

Jetzt reizte es Janka zu antworten. Er entgegnete: «Nein! Noch nicht, Herr.»

In diesem Augenblick kam der andere zurück, der die Kleider fortgenommen hatte. Warf sie auf den Boden und sagte forsch: «Herr Leutnant, heißt es. Sie sprechen mit einem Leutnant. Merken Sie sich das!» Dann trat er zurück.

Der Herr Leutnant muß sich ziemlich blöd vorgekommen sein. Sagte kein Wort mehr. Ging einfach weg. Auch die anderen, die herumstanden, kamen um das Vergnügen, Janka in den Hintern zu sehen.

Der Wachtmeister, der die Kleider vor die Füße geworfen hatte, sagte im Befehlston: «Sachen aufnehmen und mitkommen!»

Janka nahm die Kleidungsstücke über den Arm, schlüpfte in die Halbschuhe, jetzt ohne Schnürsenkel. Zehn Meter weiter wurde er in eine Zelle eingeschlossen. Sie war so lang, daß eine Holzpritsche darin Platz hatte. Daneben blieb ein Gang von einem halben Meter Breite. In der oberen Ecke stand ein hoher Eisenkübel. Sonst war nichts vorhanden. Kein Fenster, kein Heizkörper. In der Wand, über der eisernen Tür, glimmte hinter Drahtgitter eine Glühbirne.

Janka begann, sich anzukleiden. Bis auf sein Taschentuch waren alle Gegenstände fortgenommen. Auch die Krawatte, der Gürtel, der Mantel, das Halstuch. An vielen Stellen war das Futter aufgetrennt. Was sie unter dem Futter gesucht hatten, blieb ein Rätsel. Viel Zeit zum Nachdenken blieb nicht. Die Tür wurde geräuschvoll aufgerissen. Wieder stand der Leutnant mit der Stablampe vor der Zelle und zischte: «Mitkommen!»

Am Ende des Gangs eine weitere Gittertür. Janka bemerkte eine rote Signallampe. (Rote Lichter über allen Türen leuchteten von nun an auf, wenn er geholt wurde. Erst, wenn er wieder eingeschlossen war, gingen grüne Lichter an.)

Hinter der Tür lagen Matratzen und Decken. Der Leutnant, von zwei Posten begleitet, sagte, nachdem er die Tür verschlossen hatte: «Zwei Decken aufnehmen! Und eine Matratze!» Seine Stimme wurde schärfer.

Nachdem Janka die Decken und die Matratze über die Schulter geworfen hatte, umgab ihn Modergeruch. Über eine steinerne Treppe ging es hinunter. Dreißig oder mehr Stufen. Mit jeder Stufe wurde der Geruch penetranter. Durch ein schweres Gittertor wurde er in den Keller geschoben. Feuchtkalte Stille umfing ihn. Eine gespenstische Welt. Unterwelt.

In Abständen von drei bis vier Metern eisenbeschlagene Türen. Die Gänge etwa fünf Meter breit. Zu beiden Seiten abgetretene Läufer. In der Annahme, daß man darauf zu gehen hat, tat er zwei Schritte. Sofort stieß ihn der Posten herunter. Knurrte dabei durch die Zähne: «Verrückt geworden!»

Janka folgerte, daß Häftlinge nicht darauf gehen dürfen. Also ging er auf der Mitte des Gangs, auf den feuchten Ziegelsteinen. Er ärgerte sich, weil er es nicht gleich getan hatte. Hier kann es ja nichts geben, was beiden dient. Die Läufer sind nur für die Posten. In den Zellen soll der Stiefeltritt nicht gehört werden, wenn sie sich nähern und die Häftlinge durch den Spion beobachten.

Die fünfte Tür auf der linken Seite des Gangs schloß der Leutnant auf. Mit einer Kopfbewegung wies er Janka hinein. Die Zelle war fünf Schritt lang, vier Schritt breit. Zwei Holzpritschen und ein eiserner Kübel. Sonst nichts. Kein Wasserkrug, kein Handtuch, keine Schüssel, kein Becher. Kein Fenster, kein Heizkörper, kein Luftschacht. Auch in den Zellen war der Boden mit Ziegelsteinen ausgelegt.

Janka saß auf einer Pritsche, als das Schloß krachend geöffnet wurde. Ein junger Mann in grauer Uniform sah ihn böse an und sagte: «Raus!» Durch ein Labyrinth von Gän-

gen, über eine Treppe nach oben, führte er ihn zur ersten
Vernehmung. Es mag gegen 20 Uhr gewesen sein. Es war
immer derselbe Posten, der ihn zweimal am Tage holte und
nach Beendigung der Vernehmungen in die Zelle zurück-
brachte. Das Wort «Raus!» war das einzige, was er über
seine Lippen brachte.

Es wurden noch ein paar eiserne Türen auf- und zuge-
schlossen. Dann steuerte der Posten in den ersten Stock. In
einem langen Gang, von dem rechts und links braun gestri-
chene Holztüren abgehen, brachte er ihn mit einem
Schlüsselbund zum Stehen. Klopfte an eine Tür, machte
durch den geöffneten Spalt Meldung und schob ihn in das
Zimmer.

Hinter dem Schreibtisch saß, mit dem Rücken zum Fenster, ein bleichgesichtiger Mann in Zivil. Dreißig Jahre alt.
Vor dem Schreibtisch drei Männer. Auch in diesem Alter.
Alle vier rauchten Zigaretten. Neben dem Schreibtisch
stand ein pausbäckiger Mann, der eine Strickjacke trug.
Die Daumen in die Achselhöhlen bohrend. Er rauchte
nicht. Ihn erkannte Janka sofort. Es war der «alte Bekannte», der ihn in der Halle erwartet hatte, der vor dem
Stalin-Bild zynisch gesagt hatte: «Kopf hoch!»

Der Posten bekam ein Zeichen, sich zu entfernen. Janka
blieb an der Tür stehen. Keiner sagte etwas. Sie sahen ihn
nur an. Als wäre er ein Gespenst. Dann sprach der «Bekannte». Er trat heran und sagte: «Sie wissen doch, warum
wir Sie geholt haben?»

«Nein.»

«Haben Sie den Haftbefehl nicht gelesen?»

«Doch.»

«Also dann kennen Sie die Gründe?»

«Ich sagte nein.»

«Wieso nein? Haftbefehle geben die Gründe an.»

«Auf dem Zettel, den Sie als Haftbefehl bezeichnen, habe ich nur Verleumdungen gelesen.»

«So... Verleumdungen... Hm... Und wer sind die Verleumder?»

«Diese Frage können nur Sie beantworten.»

Der «Bekannte» ging hinter den Schreibtisch zurück, ließ sich in einen Sessel fallen und steckte auch eine Zigarette an: «Anfangen!»

Der Mann hinter dem Schreibtisch beugte sich über die Tischplatte, deutete mit einem Bleistift in die Ecke neben der Tür: «Da steht ein Schemel. Setzen!»

Janka drehte den Kopf zur Ecke und sah den aus Holz gezimmerten Schemel. Setzte sich und schlug die Beine übereinander. Was hätte er sonst tun sollen.

Wieder vergingen Minuten, bis der Schreibtischmann, den Janka von nun an in den kommenden neun Monaten täglich vor sich haben sollte, das Wort an ihn richtete: «Sie haben mit anderen eine staatsfeindliche Konzeption entwickelt. Damit wollten Sie die Regierung der DDR und das Politbüro der SED stürzen. Antworten Sie!»

«Was Sie sagen, ist lächerlich.»

«Wieso lächerlich?»

«Weil ich mir nicht vorstellen kann, daß sich eine Regierung durch eine Konzeption stürzen läßt. Und was wäre ein Politbüro wert, wenn es durch eine Konzeption stürzt. Wirklich. Ihre Behauptung ist lächerlich. Im übrigen habe ich keine Konzeption entwickelt.»

«Das Ziel Ihrer Gruppe war die Konterrevolution. Sie wollten den Kapitalismus wiederherstellen. Nennen Sie die Namen der Mitglieder Ihrer staatsfeindlichen Gruppe.»

«Ich habe schon erklärt, daß ich auf Verleumdungen nicht antworten werde.»

Der «Bekannte», in eine Rauchwolke hineinsprechend: «Sie verkennen Ihre Lage und unsere Geduld. Spielen Sie nicht den starken Mann. Hier sind wir schon mit ganz anderen Leuten fertig geworden.»

«Das weiß ich.»

«Was bezeichnen Sie als Verleumdung?»

«Ihre Beschuldigungen.»

«Bestreiten Sie, daß Harich unter Ihrer Leitung eine staatsfeindliche Konzeption ausgearbeitet hat? Daß Sie die Partei zwingen wollten, diese Konzeption in der theoretischen Zeitschrift des Zentralkomitees ‹Einheit› zu veröffentlichen? Und wenn sie das nicht tut, daß Sie dann die Konzeption über den Rias verbreiten wollten?»

«Diese Fragen sollten Sie an Herrn Harich richten. Sie haben ihn ja seit acht Tagen in der Mache.»

«Haben Sie Harich aufgefordert, eine Konzeption zu schreiben?»

«Nein!»

«Haben Sie mit Harich über politische Fragen diskutiert?»

«Es wird Sie nicht überraschen, wenn ich antworte, daß ich nicht nur mit Harich diskutiert habe. Es ist meine Art, mit jedermann zu sprechen und meine Ansichten zu vertreten.»

«Welche Ansichten haben Sie in den letzten Monaten vertreten?»

«Es ist nicht mein Wunsch, mit Ihnen über meine Ansichten zu sprechen.»

«Aber Sie haben Ansichten und haben sie vertreten?»

«Ich habe Ansichten. Und es hat mir nie an Mut gefehlt, sie zu vertreten.»

«Warum sind Sie dann zu feige, Ihre Ansichten hier zu vertreten?»

«Weil ich Ihre Praktiken kenne. Wir begegnen uns doch nicht zum erstenmal. Außerdem liegt mir nichts daran, Leute wie Sie überzeugen zu wollen.»

Der «Bekannte» sprang auf, warf die Zigarette weg und kam bis auf einen Schritt heran. Erregt schrie er Janka ins Gesicht: «Sie wollten die Staatssicherheit abschaffen. Bestreiten Sie das?»

«Abschaffen ist zu viel gesagt. Verändern würde ich sie, wenn ich es könnte, um genau zu sein. Ich würde sie nicht gegen die Partei einsetzen. Gegen die eigenen Genossen.»

«Erzählen Sie keinen Blödsinn. Die Konterrevolution wollten Sie. Wie in Ungarn. Dort der Petöfi-Kreis, hier der Aufbau-Verlag. Wollen Sie das bestreiten?»

Janka wischte mit dem Handrücken den Speichel aus dem Gesicht und sagte: «Treten Sie bitte einen Schritt zurück. Ich habe es nicht gern, wenn man mir ins Gesicht spuckt.»

Janka wußte, daß er mit dieser Bemerkung den mächtigen Mann vor seinen Untergebenen lächerlich machte. Daß er das nicht verzeihen wird. Aber das war ihm gleichgültig. Er betrachtete den «Bekannten» seit Spanien nicht mehr als seinen Genossen.

Der Mächtige verlor die Besinnung. Unbeherrscht schrie er Janka die fürchterlichsten Behauptungen ins Gesicht. Vom Rias-Agenten bis zum Spion des Ostbüros der SPD, vom Organisator der Konterrevolution bis zum Ehrgeizling, der Ulbricht aus dem Sattel stoßen wollte, um selbst darauf Platz zu nehmen...

Da Janka nicht antwortete, beruhigte er sich allmählich. Sah wohl ein, daß solcher Unsinn keine Wirkung hat. Danach versuchte er es mit einer anderen Taktik. Er appellierte an Jankas Gewissen: «Als alter Kommunist, ehemaliger Spanienkämpfer, mußt du doch deine Verantwortung fühlen. Es ist noch nicht zu spät, um alles wiedergutzumachen. Hilf jetzt der Partei. Es liegt in deinem Interesse, die Verschwörung aufzudecken. Du solltest uns dankbar sein, daß wir dich vor dem Abgrund bewahrt haben. Es ist ein großes Glück, auch für dich, daß die Staatssicherheit rechtzeitig zugeschlagen hat...»

Als er wieder eine Pause einlegte, sagte Janka: «Ich zweifle nicht an Ihrem Glück. Nicht einmal an Ihrer Tüchtigkeit. Ich weiß, wie oft Sie Ihre Fähigkeiten unter Beweis gestellt haben. Selbst so alte Kommunisten wie Paul Merker haben Sie zu Agenten gestempelt. Daß Sie es jetzt mit mir versuchen, überrascht mich nicht. Das wollten Sie ja schon vor Jahren. Nur da hat es nicht geklappt. Und jetzt ist wieder die Zeit danach. Sie brauchen das Geschrei von der Konterrevolution. Ich brauche dieses Geschrei nicht. Aber ich verspreche Ihnen, daß Sie mit mir auch diesmal kein Glück haben werden.»

Das war wieder zuviel. Mit der Linken packte er Jankas Kragen und ballte die Rechte zur Faust. Janka war sicher, daß er ins Gesicht geschlagen wird. Er erhob sich und sagte: «Lassen Sie meinen Rock los. Sie wissen doch, daß mich Drohungen nicht beeindrucken.»

Zwei Vernehmer, die bisher nicht zu Worte gekommen waren, stürzten herbei und flankierten den großen Chef. Aber ganz plötzlich machte der einen ratlosen Eindruck. Wütend stieß er Janka in die Ecke und verließ das Zimmer. Die Tür schlug heftig zu.

Die gebliebenen Vernehmer verwendeten den Rest der Nacht auf die Fragen nach der Konzeption, die Harich unter Jankas Anleitung geschrieben haben sollte. Die Konzeption sei das Programm der konterrevolutionären Gruppe. Da aber Janka weder den Auftrag zur Ausarbeitung einer Konzeption gegeben noch eine solche gelesen hatte, konnte er – selbst wenn er guten Willens gewesen wäre – diese Fragen nicht bejahen. Alles, was er wußte, war, daß Harich einen Artikel für die «Einheit» hatte schreiben wollen. Nach Fertigstellung sollte ihm Janka seine Meinung dazu sagen. Daß es nicht dazu kam, war Schuld der Staatssicherheit. Sie hatte Harich verhaftet, bevor Janka den Artikel lesen konnte.

Mitternacht war längst vorbei, als sich ein Hauptmann und Leiter der «Aufklärungs»gruppe in Sachen Harich-Janka vorstellte. Nach dessen Anspielung auf Jankas Intelligenz, bekam er die Antwort: «Was meine Intelligenz betrifft, mögen Sie recht haben. Etwas davon würde auch Ihnen guttun. Ihre Informanten haben nämlich nicht gut gearbeitet. Sonst hätten Sie Harich so lange laufen lassen, bis er mir seine ‹staatsfeindliche Konzeption› übergeben hat. Ihre Behauptungen wären dann glaubhafter. Aber das ist nicht meine Sache. Wie es auch nicht meine Sache ist, Artikel zu verantworten, die andere schreiben. Wenn mir aber Mitarbeiter Artikel zum Lesen geben und meine Meinung wissen wollen, ist das eine Angelegenheit, die Sie nichts angeht. Und die Behauptung, ich sei Chef einer konterrevolutionären Gruppe, ist eine absurde Lüge. Ich bin Verleger, Leiter des größten literarischen Verlags der DDR. In dieser Eigenschaft pflege ich Kontakte mit Autoren, Lektoren und vielen freien Mitarbeitern. Es versteht sich von selbst, daß ich Einfluß auf sie nehme.»

Der Schreibtischmann lachte: «Ja, natürlich gegen die Linie der Partei. Das haben wir lange genug toleriert. Konspiriert haben Sie. Deshalb sitzen Sie hier.»

In den letzten Stunden der Nacht verfaßten sie ein Protokoll. An die zehn Seiten Umfang hatte es. Auch der bleichgesichtige Vernehmer unterschrieb. Nach Janka, damit er seinen Namen nicht erfährt.

Gegen sechs Uhr morgens brachte der junge Mann Janka in die Zelle zurück. Die Wachtposten waren gerade damit beschäftigt, Brot und Malzkaffee an die Häftlinge auszuteilen. Als Janka durch den Keller geführt wurde, unterbrachen sie ihre Tätigkeit. Die Türen durften nicht geöffnet werden.

Kaum war Janka eingeschlossen, da wurde die Tür wieder geöffnet. Ein Posten reichte einen Brotkanten und einen Blechbecher mit schwarzer Brühe herein. Bevor er die Tür abschloß, sagte er: «Sie können jetzt schlafen.»

Brot und Becher legte Janka auf den Boden neben der Tür. Er war zu erschöpft, um auch nur einen Bissen oder einen Schluck zu nehmen. Trotz des Schlagens von Türen auf den Gängen und der heftigen Kopfschmerzen ist er schnell eingeschlafen. Nicht der Geruch der Decken konnte den Schlaf verhindern, nicht das elektrische Licht über der Tür.

DER PROZESS

«Wenige Minuten später trugen Justizangestellte einen Polstersessel herein. Sie stellten ihn ein paar Meter seitlich vom Staatsanwalt, aber mit genügendem Abstand von der Presse, genau der Anklagebank gegenüber, ab. Alle Anwesenden verfolgten den Vorgang mit Interesse. Jeder fragte sich, wem wohl dieser Sessel zugedacht sei. Die Antwort folgte augenblicklich. Durch die Tür trat keine Geringere als Hilde Benjamin, Minister für Justiz. Und nahm in dem bereitgestellten Sessel Platz. Sie war für das Funktionieren des Prozesses verantwortlich.»

23. Juli 1957. Mit einem Polizeiaufgebot höchster Alarm-
stufe begann der Prozeß. Und einem Publikum, wie es
Janka nicht erwartet hatte. Er dauerte eine Woche, täglich
von acht Uhr bis in die Abendstunden. Für sozialistische
Verhältnisse ein langer Prozeß.

Die Nacht zuvor hatte Janka nicht geschlafen, obwohl
ihm der Haftarzt einen Schlaftrunk gebracht hatte. Er
mußte ihn in seiner Gegenwart schlucken. Als er Janka
verließ, sagte er: «Jetzt werden Sie gut schlafen.» Sein Me-
dikament bewirkte das Gegenteil.

Früher als sonst holten sie ihn: Rasieren, Haare schnei-
den, frische Wäsche, Krawatte, Schnürsenkel, geputzte
Schuhe, gebügelte Garderobe, alles noch peinlicher als bei
der vorausgegangenen Vernehmung durch den Generalstaatsanwalt Melsheimer. Zuvor acht Tage Höhensonne.
Also braun gebrannt wie nach einer Kur, reif für die
Öffentlichkeit.

Der ständige Vernehmer, das Bleichgesicht, hatte Janka
vor dem Stalinbild erwartet. Er zog ihn auf die Seite, direkt
unter das Bild und sagte: «Ich empfehle, über die Höhe der
zu erwartenden Strafe nachzudenken. Auf den Putz hauen,
den Volkstribun spielen, heißt die Jahre verdoppeln. Über-
legen Sie sich das. Es ist ein Unterschied, ob man fünf oder
zehn Jahre einfängt.»

Janka antwortete nicht. Was hätte er sagen sollen? Das
Bleichgesicht schien auch keine Antwort zu erwarten.
Aber ganz ohne Wirkung blieb sein «Rat» nicht. In den
folgenden Tagen spukte diese Drohung in seinem Kopf.

Besonders in den Nächten, die er schlaflos verbrachte. Er wurde richtig wütend gegen sich selbst, weil er sich von dem Druck, fünf oder zehn Jahre, nicht frei machen konnte.

Nach diesem «Rat» wurde Janka in die Gruppe der grün uniformierten Sicherheitsleute geschoben. Sonst tragen sie graue Uniformen. Wenn sie aber Häftlinge vor Gericht bringen, zeigen sie sich in Uniformen der Volkspolizei.

Auch der Leutnant, der Janka stets begleitet hatte, wenn er auf Transport kam, trug grüne Uniform. Er empfing ihn mit der Aufforderung: «Hände vorhalten!» Handschellen wurden angelegt. Danach schob er ihn auf die Rampe und dann in den Kastenwagen. Nach Janka wurden weitere Häftlinge gebracht: Just, Zöger, Wolf.

Als der Motor angelassen wurde, hörte Janka, wie noch andere Autos in Gang gebracht wurden. Offenbar die Begleitwagen. Auf dem Hof des Obersten Gerichts in der Scharnhorststraße, direkt an der Grenze zu West-Berlin, endete die Fahrt. Uniformierte Posten bildeten Spalier. Bis vor die Wartezellen im ersten Stock. Die waren wie Löwenkäfige ausgestattet. Für die vier Kommunisten, die als Verräter abgeurteilt werden sollten, war das ein erstaunliches Aufgebot. Ulbricht ließ gleich mehrere Kompagnien aufmarschieren. Auch die Straße war in ein Heerlager verwandelt worden. Das kann natürlich nicht ohne Wirkung bleiben. Waffengeklirr beeindruckt immer. Es macht die Gefährlichkeit der Staatsverbrecher anschaulich. Und für die Öffentlichkeit war das ja gedacht. Janka mußte gestehen, daß ihn dieser Aufwand überraschte.

Da nur zwei Zellen zur Verfügung standen, sperrten sie Wolf mit Janka zusammen. Unterhaltung war verboten. Um die Häftlinge nicht aus den Augen zu lassen, wurde ein Hauptwachtmeister gleich mit in die Zelle eingesperrt. Er postierte sich so, daß er alles beobachten konnte. Sitz- oder

Liegegelegenheiten waren nicht vorhanden. Vor dem Eisengitter, auf dem Flur, zahllose Posten. Auch die Vernehmer standen herum.

Wolf fand dennoch Gelegenheit, etwas zuzuflüstern. Sagte: «Freut mich, mit dir in einer Zelle zu sein.»

«Wieso freust du dich?»

Es verging eine Weile, bis er antworten konnte: «Ich mag dich.» Er ahnte sicher nicht, wie gerührt Janka war.

Schließlich war es soweit. Die Angeklagten wurden herausgeholt und in eine Reihe gestellt. Erst Wolf, dann Zöger und Just. Janka machte den letzten. Auf der Anklagebank nahm er den ersten Platz ein. Zwischen den Angeklagten jeweils ein Uniformierter. Hinter ihnen noch weitere sieben.

Der Gerichtssaal. Gewaltig in seinen Ausmaßen. Die Einrichtung aus Eichenholz. Völlig neu. Weißgestrichene Wände. Die Decke stuckverziert. Hohe Fenster. Weiße Gardinen und dunkelrote Vorhänge. Spiegelblankes Parkett. Vorn, auf einem Podest, über die ganze Breite, das Pult für das Präsidium. Links davon ein langes Pult mit großartigen Sitzgelegenheiten für den Ankläger. Zur rechten eine Tür, durch die die Angeklagten hereingeführt werden. Gleich daneben eine Loge mit harten Bänken. Hier müssen die Angeklagten Platz nehmen. Davor einfache Tische mit Stühlen für die Verteidiger. Nach einem Abstand von zehn Metern, dem Präsidium gegenüber, eine Tischreihe mit bequemen Sitzgelegenheiten für die Presse und Berichterstatter. Dahinter Bestuhlung. Je nach Anordnung finden da hundert bis dreihundert Zuhörer Platz. Zwischen dem Präsidium und der Presse bleibt eine große Fläche frei. Drei Meter vor dem Präsidium, in der Mitte, das Mikrofon für Zeugen oder Angeklagte.

Beim Eintreten herrschte absolute Stille. Presse und Publikum hatten schon die Plätze eingenommen. Janka traute seinen Augen nicht. Viele bekannte Gesichter. Der Vorstand des Schriftstellerverbandes vollständig. Die Künstlerverbände und der Kulturbund mit Spitzenfunktionären. Ministerien und Großbetriebe durch Abgesandte vertreten. Verlegerkollegen waren auch da. Alle aufgefordert, als Zuhörer teilzunehmen. Sogar die Humboldt-Universität mußte ein paar Professoren abkommandieren. Wie in einer Klausurtagung durfte keiner den Saal während der Verhandlung verlassen. In den Pausen auch das Gebäude nicht. Um die Zuhörer zu sättigen und ihren Durst zu stillen, war im Foyer ein Buffet eingerichtet.

Jankas Frau war nicht zu entdecken. Der Staatsanwalt hatte ihr den Zutritt verweigert. Als sie trotzdem darauf bestanden hatte, wurde ihr die Vorladung als Zeugin angedroht. Mit dem Hinweis, daß einige Zeugen im vorausgegangenen Harich-Prozeß den Saal nach ihren Aussagen nur noch als Verhaftete hätten verlassen können.

Unter den Zuhörern erkannte Janka eine große Anzahl Gesichter, die trotz Zivilkleidung erkennen ließen, daß sie vom Sicherheitsdienst waren. Stramme Burschen im Alter von zwanzig bis dreißig Jahren. Schön verteilt, damit sie auf ein Zeichen hin für Stimmungsmache sorgen konnten. Die Krawalle ließen dann auch nicht lange auf sich warten.

Nach Einzug der Angeklagten trat der Generalstaatsanwalt in den Saal. Er kam durch eine Tür auf der anderen Seite. Gefolgt von seinem Mitarbeiter Jahnke und einem Justizangestellten, der einen Berg Akten auf das Pult legte und wieder verschwand. Wenige Minuten später trugen Justizangestellte einen Polstersessel herein. Sie stellten ihn ein paar Meter seitlich vom Staatsanwalt, aber mit genügendem Abstand von der Presse, genau der Anklagebank gegenüber, ab. Alle Anwesenden verfolgten den Vorgang mit Interesse. Jeder fragte sich, wem wohl dieser Sessel zugedacht sei. Die Antwort folgte augenblicklich. Durch die Tür, durch die die Angeklagten in den Saal geführt worden waren, trat keine Geringere als Hilde Benjamin, Minister für Justiz. Und nahm in dem bereitgestellten Sessel Platz. Sie war für das Funktionieren des Prozesses verantwortlich.

Frau Benjamin, scheinbar gelangweilt, war von seltsamer Wirkung. Janka mochte sie schon vor dem Prozeß nicht. In den Schauprozessen gegen Spione und Agenten mißfiel ihm ihr Geschrei, als sie noch die Funktion des Anklägers hatte. Die maßlosen Beschimpfungen der Beschuldigten erinnerten an alte Praktiken.

In diesem Prozeß aber zeigte sie sich ganz anders. Als stille Beobachterin auf einem gepolsterten Sessel. Ihren Platz hatte sie genau den Angeklagten gegenüber gewählt. In Melsheimers Nähe. Ihre Gegenwart spornte ihn zu höchster Leistung an. Eine ganze Woche lang. Meist lag sie wie eine erschöpfte Frau in ihrem Sessel. Nur die Augen zeigten keine Müdigkeit. Immer starr auf die Angeklagten gerichtet. Wenn sie kam oder ging, schleppte sie sich müde dahin. Das Haar glänzte pechschwarz.

Nachdem sie sich niedergelassen hatte, öffnete sich die Tür an der Stirnseite des Saals. In schwarzen Anzügen traten die Richter ein. Der Vorsitzende Ziegler und zwei Beisitzer. Alle Anwesenden erhoben sich. Der Vorsitzende verkündete stehend: «Die Verhandlung gegen Janka, Just, Zöger und Wolf ist eröffnet.»

Der erste Tag war mit den Vernehmungen zur Person ausgefüllt. Der zweite mit dem Plädoyer des Generalstaatsanwalts. Der dritte mit Beweisaufnahmen und Zeugenaussagen. Der vierte mit den Verteidigern. Der Schlußtag mit der Verkündung der Urteile. Über das schon zu den Voruntersuchungen Gesagte hinaus bleibt wenig über den Gang des Prozesses zu berichten. Aber es lohnt, die Rede von Ulbricht auf dem 30. Plenum des ZK der SED, Februar 1957, nachzulesen. Da wurden die Hauptpunkte der Anklage vorweggenommen. Melsheimer hatte nur das Seine hinzuzugeben. Hier sei nur der Schlußsatz der Rede zitiert:

«...Unsere Partei ist im letzten Jahr, das von komplizierten Ereignissen erfüllt war, festen Schrittes vorwärtsgeschritten. Die Genossen haben eine gute Arbeit geleistet und die wütenden Angriffe des Gegners gegen unsere Partei und gegen die Arbeiter- und Bauernmacht gemeinsam mit den Blockparteien und den anderen Kräften der Nationalen Front zurückgeschlagen. Und jetzt gehen wir zur Gegenoffensive über.»

Die Rede Ulbrichts beweist, daß es um weit mehr ging als um den Aufbau-Verlag. Der Verlag wurde nur zum Auslöser der «Gegenoffensive» gemacht. Die Kritiker in allen Parteiorganisationen und Institutionen sollten abgeschreckt werden. Und natürlich auch die Kritiker im ZK und Politbüro selbst. Harich bot dafür den äußeren Anlaß. Die Gespräche mit SPD-Vertretern in West-Berlin und die Diskussion in Hamburg wie auch die schriftlichen Aufzeichnungen für einen Artikel, der in der «Einheit» erscheinen sollte, waren genau das, was für ein großangelegtes Gerichtsverfahren ausgebeutet werden konnte.

Um das Bild abzurunden, sei das *Neue Deutschland* vom 26. Juli 1957 zitiert. In dem Bericht über den Prozeß gegen Janka und Genossen heißt es:

«...Am dritten Tag des Prozesses gegen vier Mitglieder der staatsfeindlichen Gruppe vor dem Obersten Gericht der DDR wurde mit der Vernehmung der letzten Zeugen gestern die Beweisaufnahme abgeschlossen. Der Verlauf der Verhandlung erbrachte den Nachweis der staatsfeindlichen Tätigkeit aller vier Angeklagten. Die Bemühungen der Gruppe waren darauf gerichtet, in der Zusammensetzung der Regierung der DDR eine personelle Veränderung herbeizuführen und schwerwiegende ökonomische Veränderungen in der DDR vorzunehmen, die im Endergebnis zur Liquidierung der volksdemokratischen Ordnung in der DDR führen sollten.

Bei den Verbrechen der Angeklagten handelt es sich, wie der Generalstaatsanwalt der DDR, Dr. Melsheimer, in seinem Plädoyer ausführte, um Anschläge gegen den Frieden und gegen den Bestand des Staates. Die Ausarbeitung der staatsfeindlichen Konzeption, mit der alle Angeklagten übereinstimmten, geschah in der historischen Situation einer aktiven Gefährdung des Friedens. Es war die Zeit des imperialistischen Überfalls auf Ägypten und des konterrevolutionären Putsches in Ungarn... Die Zielsetzung der Gruppe wies eine weitgehende Parallelität mit dem Auftreten ungarischer Intellektueller auf, das in seinem Ergebnis zu dem konterrevolutionären Putschversuch führte. Diese ungarischen Intellektuellen, die sich vor allem im Petöfi-Klub ein konterrevolutionäres Zentrum geschaffen hatten, begannen ihre unheilvolle Tätigkeit mit der Forderung nach uneingeschränkter Kritik in Presse und Rundfunk. Sie verlangten ein neues Zentralkomitee der Partei und eine Umbildung der Regierung, bei der Imre Nagy den Posten des Innenministers übernehmen sollte. Sie forderten den Abzug der Sowjettruppen... Das ungarische Beispiel beweist die unerhörte Gefährlichkeit dessen, was die Angeklagten unternommen haben, erklärte der Generalstaatsanwalt. Er erinnerte an die Erklärung des Bonner Außenministers von Brentano, daß auch mit Unruhen in der DDR zu rechnen sei und daß es zu einem aktiven Eingreifen der NATO führen könne... Alle Versuche des Angeklagten Janka, durch ständiges Lügen sein aktives Mitwirken an den verbrecherischen Plänen abzustreiten, wurde durch die Aussagen der Zeugen zunichte gemacht. Janka wurde überführt, in seiner Wohnung am 21. November 1956 eine Zusammenkunft organisiert zu haben, die die Zustimmung der Angeklagten zur staatsfeindlichen Konzeption ergab. Er billigte die vorgeschlagenen Wege zur illegalen Durchsetzung ihrer Pläne... Aus der Verhandlung ergab sich ferner, daß Janka den von ihm geleiteten Aufbau-Verlag den Mitgliedern der staatsfeindlichen Gruppe als organisatorisches Zentrum zur Verfügung stellte...»

Andere Ausführungen des Generalstaatsanwalts, mit denen er die Atmosphäre anheizte, wurden von den Berichterstattern ausgelassen. Hier soll den zitierten Presseberichten eine hinzugefügt werden. Das macht die Hintergründe des Verfahrens deutlicher. Die Plädoyers der Verteidiger wurden mit keinem Wort erwähnt. Die Objektivität der Berichterstattung. Der Hauptangeklagte Janka und sein Verteidiger, Rechtsanwalt Friedrich Wolff, hatten im Gegensatz zu Harich und dessen Verteidiger die Anklage in allen Punkten zurückgewiesen und Freispruch gefordert. Sie haben Freispruch gefordert, weil das Recht auf freie Meinungsbildung und das Recht auf Kritik in Übereinstimmung mit dem Statut der Partei und der Verfassung des Staates steht und weil sie sonst nichts getan hatten, als eben dieses Recht in Anspruch zu nehmen. Zu keiner Zeit hat Janka mit konspirativen Plänen gegen die geltenden Gesetze verstoßen. Wie in den endlosen Voruntersuchungen, haben er und sein Anwalt – entgegen den Behauptungen des Generalstaatsanwalts – klar zum Ausdruck gebracht, daß seine Kritik nicht auf die Rücknahme der sozialistischen Verhältnisse orientiert war, sondern auf die Festigung und Vermenschlichung.

Auch von Reue, wie sie Harich im Schlußwort betonte, gar von Dankbarkeit an die Adresse der Staatssicherheit, war bei Janka und seinem Verteidiger keine Rede. Dies alles vorausahnend, veranlaßte Ulbricht, den ursprünglich gegen Harich und Janka geplanten Prozeß aufzuspalten und getrennt führen zu lassen. Denn schon die Voruntersuchung machte deutlich, daß sich die Haltung von Janka mit der von Harich nicht auf einen Nenner bringen ließ.

Harichs Selbstanklage und Schlußwort erinnerten auf makabre Weise an Prozesse, in denen sich die Angeklagten immer schuldig bekannten und «reif für den Galgen» erklärt haben. In Harichs Schlußwort heißt es u. a.:

«...ich möchte einen Dank abstatten, und zwar an die Staatssicherheit der DDR... und ich habe da die Feststellung gemacht, sie sind sehr korrekt und anständig... ich war nämlich nicht mehr aufzuhalten. Ich war ein politisch durchgebranntes Pferd, das mit Zurufen nicht mehr aufzuhalten war... Wenn man mich nicht festgenommen hätte, dann wäre ich heute nicht reif für die zehn Jahre, die der Herr Generalstaatsanwalt beantragt hat, sondern für den Galgen, und deshalb sage ich... der Staatssicherheit dafür, für deren Wachsamkeit, meinen Dank.»

In seinem Plädoyer verlas Melsheimer einen vorbereiteten Text gegen Georg Lukács: An der Spitze der ungarischen Intellektuellen habe Lukács mit Tibor Déry und Julius Hay seine Partei verraten und die Konterrevolution in Ungarn angeführt... Aufrechte, der Partei ergebene Schriftsteller, die sich den Marxismus-Leninismus zu eigen gemacht, wurden von ihm verleumdet...

All das durfte Melsheimer in Gegenwart vieler Schriftsteller sagen, die den weltweit bekannten Literaturwissenschaftler immer geschätzt hatten. Noch wütender als bisher fuhr Melsheimer fort: Und diesen Mann, der westlichen Korrespondenten gegenüber die Erklärung abgab, daß die Kommunistische Partei bei freien Wahlen jetzt noch fünf Prozent der Stimmen erhalten würde, wollte der hier auf der Anklagebank sitzende Janka in die Deutsche Demokratische Republik holen und zum geistigen Oberhaupt der Konterrevolution im ersten Arbeiter- und Bauernstaat machen... Der abermalige Zwischenruf Jankas, diese Behauptungen sind Verleumdungen, wurde vom Vorsitzenden wieder unterdrückt: Falls der Angeklagte solche Ausfälle nicht unterläßt, muß er mit zusätzlicher Bestrafung rechnen.

Ziegler hatte die Verwarnung noch nicht zu Ende gesprochen, da brachte die Rede Melsheimers gegen Lukács und Janka den Zuschauerraum außer Rand und Band. Die abkommandierten Schreier riefen: «Nieder mit den Verrätern!... Ins Gefängnis mit den Verbrechern!»

Der Vorsitzende ließ die Randalierenden gewähren. Erst als sich die Schreier beruhigten, bat er, von Zurufen Abstand zu nehmen.

Die anwesenden Schriftsteller, von Anna Seghers, Willi Bredel bis Bodo Uhse, hatten sich an der Schreierei nicht beteiligt. Sie blieben stumm. Ihre Gesichter wurden fahl. Anders reagierten Eduard von Schnitzler, Bernd von Kügelgen, Dr. Günter Kertscher. Sie stießen sich gegenseitig an und trommelten mit den Fäusten auf die Tischplatten. Wie wildgewordene Studenten nach einer wohlgefälligen Vorlesung.

Auch Heli Weigel, die Witwe von Brecht, die Janka ihre Sympathie durch Zuwinken bekundet hatte, war blaß geworden. Betroffen sah sie vor sich hin. Daß sich keiner der hier vertretenen Freunde von Lukács dazu aufschwang, gegen die unwahren Behauptungen zu protestieren, war die schlimmste Enttäuschung für Janka während des ganzen Prozesses. Anna Seghers, die Janka aufgefordert hatte, «den bedeutendsten Autor des Verlages zu suchen, ihm wenn möglich zu helfen, damit der siebzigjährige Freund nicht ein Opfer der Aufständischen in Ungarn würde», blieb stumm. Als hätten sich die Worte des Herrn Melsheimer gegen Lukács nicht auch gegen sie gerichtet. Gerade sie hätte sich der Mitverantwortung nicht entziehen dürfen. Schon deshalb nicht, weil sie die namhafteste Frau war, die es sich leisten konnte, ihre Stimme der Wahrheit zu leihen. Ein wenig Mut hätte ihrem Ruf nicht geschadet und ihre Position nicht gefährdet. Selbst Ulbricht hätte es nicht gewagt, sie verhaften oder auch nur belästigen zu lassen. All das wußte sie. Trotzdem blieb sie stumm.

Manipuliert wie die Beschuldigungen gegen Lukács war auch die Zeugenvernehmung. Und natürlich nahm die Presse keine Notiz davon, daß alle Entlastungszeugen, die sich von selbst dem Gericht angeboten hatten, wie Erika Mann, Johannes von Guenther, Leonhard Frank, Günter Weisenborn, nicht zugelassen wurden. Janka selbst hatte Johannes R. Becher und Anna Seghers als Zeugen benannt. Auch sie waren nicht zugelassen worden. Dabei hätten gerade sie zur Aufklärung der Sachverhalte beitragen können. Aber lesen wir, was die *Berliner Zeitung* vom 26. Juli 1957 über die Zeugenaussagen zu berichten wußte:

«In der Beweisaufnahme waren zuvor vierzehn Zeugen gehört worden, darunter Lektoren des Aufbau-Verlags, Redakteure des *Sonntag*, der Schriftsteller Paul Merker und der im März abgeurteilte Harich. Es wurde durch zahlreiche Aussagen bestätigt, daß die vier Angeklagten die Konzeption nicht nur kannten, sondern zu ihrem Entstehen beitrugen und außerdem die Pläne zur Durchsetzung dieser Konzeption billigten. Zöger und Just machten den *Sonntag* zum Sprachrohr der Gruppe…»

Das *Neue Deutschland* übertraf noch die Behauptungen des Generalstaatsanwalts. Was Melsheimer nicht gelang, vollbrachte Kertscher im «Neuen Deutschland». Er machte alle Angeklagten geständig. Und er überführte auch Janka: «Alle Versuche des Angeklagten Janka, durch ständiges Lügen sein aktives Mitwirken an der Ausarbeitung der verbrecherischen Pläne abzustreiten, wurde durch die Aussagen der Zeugen zunichte gemacht…»

Die Wahrheit ist, daß sich weder Just noch Wolf und schon gar nicht Janka schuldig erklärt haben.

Auch Zöger bestätigte nicht, daß das Zusammensein am 21. November in Jankas Wohnung «ein staatsfeindlicher Akt» war. Auf die Fragen Melsheimers antwortete er, sich nicht mehr erinnern zu können. Er habe zuviel Cognac getrunken. Was übrigens eine Unwahrheit gewesen ist. Es wurde so gut wie kein Alkohol getrunken.

Und der stille Wolf machte überhaupt keine Konzessionen an den Ankläger. Mit keinem Wort seiner einsilbigen Verteidigung bekannte er sich schuldig und – wie Kertscher behauptete – «weitgehend geständig». Er nahm den Prozeß überhaupt nicht ernst. An so unerhörte Verdrehungen wollte er einfach nicht glauben. Vielleicht war er auch der Überzeugung, daß man gegen Verleumdungen von Staats wegen nichts machen kann. Als Jude war er an die schrecklichsten Verfolgungen aus der Hitlerzeit gewöhnt. Was bleibt da schon anderes übrig, als sich in das ihm zugedachte Schicksal zu fügen.

Einer gewissen Komik entbehrte die Zeugenvernehmung nicht. Die vorgeladenen Lektoren und Redakteure
aus dem Verlag – mit einer Ausnahme – legten gute Zeug-
nisse für die Angeklagten ab. Zu Wolf konnten sie nichts
sagen, weil sie ihn nie gesehen hatten. Auch gegen Harich
sagten sie nichts Belastendes. Das konnten sie auch nicht,
weil er im Verlag nichts getan hatte, was strafbar gewesen
wäre. Und von seinen Gesprächen mit der SPD in West-
Berlin hatten sie keine Ahnung. Melsheimer sah sich
durch die Aussagen enttäuscht. Den letzten Zeugen ließ er
aus Ärger darüber nicht mehr rufen. Man wisse schon, was
der zu sagen habe. Für den Fortgang der Verhandlung sei
seine Aussage ohne Bedeutung.

Anders war das mit der «Ausnahme». Sie bestätigte alle
Beschuldigungen. Harich habe täglich mit Janka konfe-
riert. Bestimmt auch mit ihm über die ausgearbeitete Konzeption gesprochen. Janka fragte, wie der Zeuge diese Behauptung beweisen könne. Die «Ausnahme» mußte diese
Frage nicht beantworten, weil der Generalstaatsanwalt
Einspruch erhob. Die Frage diene nur der Verwirrung des
Zeugen. Und so verabschiedete er ihn mit Lob und Dank
für seine Aussagen. Darauf durfte die «Ausnahme» stolz
sein. War sie doch der einzige Zeuge, der Lob und Dank
mit nach Hause nehmen konnte. Und der Dank war für
das weitere Fortkommen durchaus lohnend.

Dramatisch war die Vernehmung der Kronzeugen.
Melsheimer ließ sie zuletzt auftreten. Braun gebrannt –
höhensonnengebräunt – trat der zu zehn Jahren Zuchthaus verurteilte Harich ans Mikrofon. Bevor ihm das Wort
zuteil wurde, belehrte ihn der Vorsitzende: «Als Verurteil-
ter dürfen Sie die Aussage nicht verweigern. Und Sie müssen die ganze Wahrheit sagen. Andernfalls haben Sie mit
zusätzlicher Strafe zu rechnen.»

Damit er gleich auf die Fragen zu sprechen kam, um die es in diesem Prozeß ging, erinnerte ihn der Generalstaatsanwalt an die Verbrechen, für die er verurteilt wurde. Dabei lobte Melsheimer die Geständnisfreudigkeit Harichs, durch die erst die Verbrechen des Janka und der Mitverschworenen aufgedeckt werden konnten.

Dann begann Harich. Sein Vortrag nahm mehrere Stunden in Anspruch. Melsheimer, die Richter, die Zuhörer hörten gespannt zu. Er sprach wie in seinen besten Zeiten. Jedes Wort, jeder Satz mit Emphase formuliert. Die Stimme ungebrochen. Mit Gesten wie an einem Katheder. Völlig unbefangen. Gelegentlich ein Lächeln, dann wieder tiefer Ernst auf seinem Gesicht. Immer mit höchster Bedeutsamkeit. Wie nach einem gewissenhaft ausgearbeiteten Konzept. Bis ins letzte Detail überlegt. Sein Eifer war grenzenlos. Seine ganze körperliche Kraft ging in den Redefluß ein. Bis ihm plötzlich die Beine versagen wollten. Der Vorsitzende ließ sofort einen Stuhl bringen. Er sollte die bedeutsame Rede im Sitzen vortragen. Doch Harich setzte sich nicht. Er griff nur nach dem Mikrofon, als Stütze für die schwindenden physischen Kräfte. Er mußte stehend weitersprechen, weil er anders nicht ungehemmt reden konnte. Vielleicht fürchtete er auch, im Sitzen den Faden zu verlieren. Aber der Faden ging nicht verloren. Er wiederholte alle seine Selbstbeschuldigungen. Keine Einzelheit wurde ausgelassen. Genauso, wie er es schon in seinem eigenen Prozeß getan hatte. Rechtsanwalt Wolf flüsterte Janka ins Ohr: «Harich ist heute noch besser als im März, wo er zum erstenmal vor diesem Mikrofon stand. Erstaunlich, wie er sich auf diesen Tag vorbereitet hat.»

Melsheimer war sichtbar zufrieden. So einen Zeugen fand er nicht alle Tage. Der hatte wahrlich mehr getan als erwartet wurde. Und er wußte perfekt auf die Zwischenfragen des Generalstaatsanwalts zu antworten. Wirklich großartig. Zunächst sagte er gegen sich selbst aus. Und durch seine Selbstanklage erfuhr Janka zum erstenmal, was er vorgehabt haben will. Um die Brücke zu Janka und den anderen Angeklagten zu schlagen, stellte Melsheimer – immer zum richtigen Zeitpunkt – gezielte Fragen: «Haben Sie Janka und die anderen über Ihre Gespräche mit der SPD informiert?»

«Nicht direkt.»

«Was heißt nicht direkt?»

«Ich machte Andeutungen, daß ich mit wichtigen Leuten Verbindung habe.»

«Konnte Janka ahnen, daß Sie mit der SPD verhandelt haben?»

«Ich glaube, daß er es geahnt hat.»

«Haben Sie Janka informiert, daß Sie Ihre Konzeption zum Aufstand in der DDR über den Rias verbreiten wollten?»

«Nicht so deutlich.»

«Warum nicht so deutlich?»

«Weil ich bei Janka unsicher war, ob er da zustimmen würde.»

«Aber Janka wußte, daß Sie Ihre Konzeption im Westen und in Polen veröffentlichen wollten?»

«Er mußte es vermuten.»

«Als Sie mit Janka zur Humboldt-Universität fuhren, in der Hoffnung, daß Studenten gegen unseren Staat demonstrieren, wollten Sie sich an die Spitze dieser Demonstration stellen. Stimmt das?»

«Ja, das stimmt.»

«Und Janka? War er über Ihre Absicht unterrichtet? Wollte er auch an die Spitze einer solchen Demonstration treten?»

«Ich hoffte es. Aber über meine Absicht habe ich nicht mit ihm gesprochen. Nur darüber, daß ich Furcht bekam und eine andere Wohnung benutzen wollte.»

«Als Sie am 21. November in der Wohnung von Janka Ihre Pläne zum Umsturz darlegten und Merker aufforderten, an Ulbrichts Stelle zu treten, billigten Janka und die anderen Ihre Konzeption?»

«Ich war mir damals noch nicht bewußt, daß meine Konzeption zum Umsturz führen könnte.»

«Ich fragte, ob Janka, Just und Zöger Ihren Vorschlägen zugestimmt haben?»

«Sie haben nicht widersprochen.»

«Haben Sie Merker gefragt, ob er sich wieder in die Politik einschalten und die Rolle des Gomulka in der DDR übernehmen würde?»

«Ja.»

«Und Janka unterstützte Ihre Frage an Merker?»

«Er hat nicht widersprochen. Auch Just und Zöger haben nicht widersprochen.»

«Sie haben Janka aufgefordert, eine Reisegenehmigung nach Polen zu beantragen?»

«Ja, das ist richtig.»

«Hat Janka gewußt, welchem Zweck diese Reise dienen sollte?»

«Ich begründete meinen Antrag damit, daß ich mit Professor Adam Schaff sprechen müsse.»

«Wollten Sie auch mit anderen Personen über Ihre Umsturzkonzeption sprechen?»

«Ja, das war der eigentliche Grund.»

«Und Janka haben Sie davon verständigt?»

«Darüber habe ich nicht mit Janka gesprochen.»

«Aber Janka wußte, daß Sie nicht nur mit Schaff sprechen werden.»

«Er mußte es vermuten.»

«Haben Sie Janka über Ihre illegale Reise nach Hamburg informiert?»

«Ja. Ich zeigte ihm die schriftliche Einladung vom Herausgeber der Zeitschrift *Constanze* und meldete mich für ein paar Tage ab.»

«Und Sie haben Janka über den Zweck Ihrer Reise unterrichtet?»

«Ja.»

«Was war der Zweck?»

«Ich suchte im Westen Verbündete für meine Pläne.»

«Und das haben Sie Janka gesagt?»

«Nicht so deutlich. Ich sagte nur, daß ich die Politik der SED in der Polen- und Ungarn-Frage erläutern soll.»

«Aber Janka wußte, daß Sie noch andere Absichten verfolgten?»

«Das mußte er vermuten. Er kannte ja meine Einstellung.»

«Wußten Sie, warum Janka nach Ungarn fahren wollte?»

«Ja. Alle wußten es. Er wollte sich um Professor Lukács bemühen.

«Was heißt bemühen?»

«Er wollte Lukács in die DDR holen. Das war seine Absicht.»

«Waren Sie auch dafür, daß Janka nach Ungarn fährt, um Lukács zu retten und in die DDR zu holen?»

«Ich wäre dafür gewesen, daß Lukács nach Berlin kommt. Aber ich war dagegen, daß Janka in dieser Situation Berlin verläßt.»

«Warum sollte Janka Berlin nicht verlassen?»

«Weil ich in ihm meine wichtigste Stütze sah. Und ich rechnete damit, daß auch in der DDR etwas passiert. In einer solchen Situation wäre Janka für mich unentbehrlich gewesen.»

«Wieso unentbehrlich?»

«Als erfahrener Organisator und alter Kommunist war er für die von mir angestrebte Opposition der wichtigste Mann...»

Das Fragespiel ließe sich noch lange fortsetzen. Auch den teilnahmslos dasitzenden Wolf belastete Harich. Auf die gezielten Fragen des Generalstaatsanwalts antwortete er hemmungslos. Aber im Unterschied zu Janka schien Wolf kaum hinzuhören. Mit der Gelassenheit eines Juden, der erlebt hatte, daß Widerspruch sowieso keinen Zweck hat, setzte er sich kaum zur Wehr. Er stellte auch keine Gegenfragen an Harich. So ersparte er sich wenigstens Verwarnungen durch den Vorsitzenden, die Janka zuteil wurden. Auch Just bekam das zu spüren.

Nach diesem Auftritt des sichtlich selbstzufriedenen Harich trat Merker ans Mikrofon. Ganz anders als sein Vorredner. Das Gesicht aschfahl. Keine Bräune durch Höhensonne. Er kam ja nicht aus der Haft. Also überflüssig, Wohlbefinden vorzutäuschen. Schweren Schrittes, scheu um sich sehend, ging er wie ein Tastender zum Mikrofon.

Beim Eintreten wird er daran gedacht haben, daß erst zwei Jahre vergangen sind, als er diesen Saal schon einmal betreten mußte. Mit acht Jahren Zuchthaus verließ er ihn dann. Das war im Jahre 1955. Vielleicht dachte Merker auch an den Tag vor einem Jahr, 1956. In diesem Saal nämlich mußten ihn die gleichen Richter rehabilitieren. Wieder unter Ausschluß der Öffentlichkeit. Ohne Presse. In aller Stille. Öffentlich durften sie ihn verleumden, den Freispruch mußten sie totschweigen. Eine knappe Stunde dauerte das Wiederaufnahmeverfahren. Freispruch und Anspruch auf Wiedergutmachung konnte er mit nach

Hause nehmen. Daran war Janka schuld. Denn Merker allein hätte nicht mehr den Mut gehabt, eine Revision zu beantragen. Janka mußte ihn dazu überreden, den Antrag zu stellen und materielle Wiedergutmachung zu fordern.

Der Generalstaatsanwalt, der nun Merkers Freund anklagte, hatte ihn damals in der ersten Verhandlung als Agenten der imperialistischen Westmächte und des Weltjudentums gebrandmarkt. In der zweiten Verhandlung hatte er sich auf die Feststellung beschränkt: «Der Anklage haben bedauerliche Irrtümer zugrunde gelegen.» Auf wessen Konto die bedauerlichen Irrtümer gingen, war nicht gesagt worden. Aber das wenige, was er sagte, war wie ein neuer Vorwurf gegen Merker. Worte der Entschuldigung für die verantwortungslose Verurteilung hatte er nicht gefunden. Wozu auch? Die Revanche für die erlittene Niederlage ließ dann nicht lange auf sich warten. Wann sie kommt, konnte Melsheimer damals nicht ahnen. Aber der Tag der Revanche würde kommen. Mit diesem Gedanken mag er nach Hause gegangen sein.

Und jetzt war der Tag gekommen. Anders als ihn sich Melsheimer gewünscht hat. Aber immerhin. Es ist trotzdem ein Tag der Genugtuung. Er wird Merker fertigmachen. Die Worte müssen ihm im Halse steckenbleiben. Leider hatte er ihn nicht auf der Anklagebank. Sein Spiel wäre dann noch leichter gewesen, würde wieder mit Zuchthaus enden. Nicht, weil Merker schuldig war. Das war er 1955 auch nicht. Er hätte ihn diesmal schuldig gesprochen, weil er ihn einmal hatte unschuldig sprechen müssen.

So etwa werden die Gedanken von Melsheimer gewesen sein, als der Zeuge Merker ans Mikrofon trat. Einen Vorgeschmack für den Gang der Dinge hatte ja Merker schon im März 1957 bekommen, als er gegen Harich hatte aussagen müssen. Nur war das nicht so fatal wie heute. Merker mußte nun gegen einen alten Freund aussagen. Einen Freund, dem er viel zu danken hatte. In der Zeit der Emigration, in der Illegalität, später in Deutschland, wo ihm nur Janka die Treue hielt, als er ausgeschlossen, verfolgt, verhöhnt, wie ein Verbrecher ins Zuchthaus geworfen worden war. Übel genug war schon die Gegenüberstellung gewesen, im April während der Untersuchungshaft Jankas. Wider Willen hatte er in Jankas Beisein die schrecklichsten Behauptungen bestätigt. Heute sollte sich das in aller Öffentlichkeit wiederholen. Vielleicht ging Merker deshalb so gebeugt zum Mikrofon.

Aber was ging das Melsheimer an? Nichts. Solche Freundschaften sind verdächtig. Man muß sie zerstören. Ins Gegenteil verwandeln. Und das wird jetzt vor großem Publikum besorgt. Wenn er ihn schon nicht ins Zuchthaus bringen kann, soll er den Saal wie ein geschlagener Hund verlassen.

Und so kam es. Gleich nach dem ersten Ansatz Merkers, seine Aussagen in der Voruntersuchung ein wenig zu korrigieren, schlug Melsheimer zu.

Merker begann damit, die verantwortungsvolle Tätigkeit des Angeklagten Janka zu schildern. Er hob hervor, wie groß dessen Verdienste während des Krieges in Spanien waren, wo sich Janka trotz schwerer Verwundungen tapfer mit seinem Bataillon geschlagen, die Front bis zum letzten Tag nicht verlassen hatte. Dann berichtete er über seine Zuverlässigkeit in den französischen Internierungslagern. Als Mitglied der illegalen Parteileitung habe er bis zur bevorstehenden Auslieferung an die Gestapo und der von der Partei beschlossenen Flucht seine Aufgaben gewissenhaft erfüllt. In Mexiko habe er als Leiter des antifaschistischen Verlags «Das Freie Buch» entscheidende Beiträge geleistet, um die Herausgabe deutscher und spanischer

Bücher zu ermöglichen. Er sei ihm noch heute dankbar, daß er die von ihm verfaßten Bände «Deutschland Sein oder Nichtsein» verlegt und in allen Ländern verbreitet habe, die nicht von Hitlerdeutschland besetzt waren. Auch nach der Rückkehr aus dem Exil habe Janka als enger Mitarbeiter seine Tätigkeit im Parteivorstand erleichtert...

Melsheimer wurde das zuviel. Wiederholt hatte er böse Blicke mit der links von ihm sitzenden Benjamin gewechselt. Sie brachten Mißbilligung zum Ausdruck. Auch dem Vorsitzenden warf er wütende Blicke zu. Der hätte längst ins Wort fallen müssen. Da es aber der Vorsitzende nicht tat, mußte er selbst dreinschlagen. Erregt schrie er: «Das wissen wir zur Genüge. Sie sind nicht geladen, um eine Hymne auf den Verräter anzustimmen. Berichten Sie, was sich am 21. November in dessen Wohnung abgespielt hat und wie es dazu kam.»

Merker zuckte zusammen. Es dauerte Minuten, bis er sich wieder faßte. Dann fuhr er mit gesenkter Stimme fort: «Janka hatte mich und meine Frau schon vor dem 21. November wiederholt eingeladen oder in Luckenwalde besucht.»

«Worüber haben Sie bei diesen Zusammenkünften gesprochen?»

«Es waren persönliche Angelegenheiten. Gelegentlich sprachen wir auch über die Tätigkeit des Verlags. Da ich keine Arbeit und keine Einnahme hatte, machte Janka einen Vertrag mit mir für Übersetzungen aus dem Spanischen. Dafür zahlte mir der Verlag einen monatlichen Vorschuß in Höhe von fünfhundert Mark. Wovon ich in den letzten Monaten gelebt habe.»

«Also für Geld hat Janka auch gesorgt. Wofür noch?»

«Für Kaffee, Butter und Lebensmittel.»

«Das wollen wir nicht wissen. Sagen Sie jetzt, was er

Ihnen für Vorschläge gemacht hat. Wie Sie sich wieder in die Politik einschalten sollten?»

«Solche Vorschläge hat Janka nicht gemacht.»

«Ihre Aussagen stehen im Widerspruch zu den Aussagen in der Voruntersuchung. Die Protokolle tragen Ihre Unterschrift. Und da sagten Sie über die Zusammenkunft am 21. November aus, daß Sie aufgefordert wurden, den Ersten Sekretär des ZK der SED zu verdrängen, die Rolle Gomulkas in der DDR zu spielen. Stimmt das?»

«Das hat Janka nicht gesagt.»

«Wer hat es dann gesagt, wenn nicht Janka?»

«Ich erinnere mich nicht mehr.»

«Ach was! Vielleicht erinnern Sie sich wenigstens an die Protokolle, die Sie unterschrieben haben. Haben Sie zugegeben, daß Sie in Jankas Wohnung aufgefordert wurden, den deutschen Gomulka zu spielen?»

«Ja.»

«Na endlich! Und wer hat Sie dazu aufgefordert? Harich oder Janka?»

«Ich glaube Harich.»

«Und Janka hat diese Aufforderung von Harich unterstützt?»

«Nein, daran kann ich mich nicht erinnern. Ich weiß nicht einmal mehr, ob Janka im Zimmer war, als Harich seine Gedanken zur Parteiführung vortrug.»

«Ich werde Ihrem Erinnerungsvermögen nachhelfen, Zeuge Merker. Wissen Sie überhaupt, daß Sie eigentlich auf die Anklagebank gehören? Daß Sie nur ein Haar von dem Verräter Janka trennt. Sie gehören auf den Platz neben ihm. Und wenn Sie hier nicht die Wahrheit sagen, dann müssen Sie damit rechnen, den Platz neben ihm doch noch einzunehmen.»

Mit dieser Drohung hatte Melsheimer sein Spiel gewonnen. Merker war zu Tode erschrocken. Die Worte blieben ihm buchstäblich im Halse stecken. Lange Minuten brachte er kein Wort heraus. Verschämt wischte sich der alte Kommunist Tränen aus den Augen. Erst als der Vorsitzende ihn wiederholt ermahnte weiterzusprechen, fuhr er mit kaum hörbarer Stimme in seinen Aussagen fort. Sie endeten nun genauso wie in Lichtenberg bei der Staatssicherheit. Auf die Fragen, die Janka an den Zeugen Merker stellen ließ, mußte er nicht antworten. Der Vorsitzende befreite ihn davon. Als Merker wie ein hilfloses Kind weinte, entließ ihn der Vorsitzende. Ein Justizangestellter mußte ihn beim Verlassen des Saals stützen, damit er nicht zusammenbrach.

Jahre später, als Janka die in Prag lebende Witwe des im Slansky-Prozeß zum Tode Verurteilten André Simone wiedertraf, berichtete sie, daß sie Merker gesprochen habe. Aus diesem Gespräch habe sie den Eindruck gewonnen, daß er ein schlechtes Gewissen hätte und noch immer unter der Last seiner Aussagen leiden würde, darum brächte er nicht den Mut auf, Janka wieder zu besuchen. Noch später erfuhr er über einen Mitarbeiter des Generalstaatsanwalts, daß Merker allen Grund dazu gehabt haben muß. Gleich nach Jankas Verhaftung wäre Merker auf Drängen seiner überängstlichen Frau und wohl auch aus eigener Furcht zum Zentralkomitee gelaufen, um über die Begegnungen mit Janka zu berichten. Sicher nicht mit der Absicht, ihn zu belasten. Aber bestimmt in der Hoffnung, sich selbst zu entlasten, falls seine Person in dem Verfahren gegen Janka eine Rolle spielen sollte. Und da eben begann die Inszenierung. Die Männer im ZK ermunterten Merker auszusagen. Er müsse der Partei helfen, die feindliche Tätigkeit der konterrevolutionären Gruppe aufzudecken. Dann würde ihm selbst nichts geschehen.

Wer den Keller in Hohenschönhausen nicht kennengelernt hat, wird für das Nachgeben kein Verständnis aufbringen. Aber so traurig das auch sein mag, die Angst vor
neuer Verhaftung zerbricht sogar starke Charaktere.
Kommunisten sind nicht ausgenommen. Im übrigen war
Merker kein starker Charakter. Wer sich nämlich einmal
schuldig erklärte, wenn er unschuldig ist, wird immer wieder erliegen, wenn er sich bewähren muß. Sein Leben ist
dann zerstört.

Wie alle Prozesse, so ging auch der Prozeß gegen Janka zu
Ende: schuldig. Trotz des Plädoyers seines Anwalts auf
Freispruch. Das Gericht nahm von den Anträgen des Anwalts keine Notiz. So ist das eben. Wenn die Partei Weisung gibt, folgen die Richter.

Das Gericht diktierte fünf Jahre Zuchthaus für Janka
und bestätigte die Anträge des Generalstaatsanwalts ge-
gen die Mitangeklagten. Nur Wolf, der während des
Prozesses alles seinem Anwalt überließ, kam mit sechs
Monaten weniger davon. Damit aber die geforderten Jahre
ausgeschöpft werden, bekam Just die sechs Monate dazu.
Das war die einzige Abweichung von den Anträgen des
Herrn Melsheimer.

Zur Ehre der Anwälte sei gesagt, daß sie alle Mög-
lichkeiten genutzt haben, die vor DDR-Gerichten denkbar
sind. Das ist nicht viel. Aber es ist schon mutig, bis an die
Grenzen zu gehen. Die abkommandierten Schreier im Zuschauerraum hatten Jankas Anwalt mit Buhrufen in seinem Plädoyer unterbrochen. Dennoch ließ er sich nicht
einschüchtern. Er blieb bei der Forderung auf Freispruch.
Das war Haltung. Man muß sie hoch einschätzen.

Die Richter hatten nach dem Prozeß eine Menge Ärger. Die Urteilsbegründung gegen Janka und Genossen fiel, im Unterschied zu Harich, zu lahm aus. Informierte Genossen erzählten später, Ulbricht sei sehr ungehalten gewesen. Der Vorsitzende Ziegler wurde nach Frankfurt / Oder versetzt, um sich zu bewähren. Die Beisitzer ereilte Schlimmeres. Sie wurden wirklich krank und verstarben sehr bald. Melsheimer konnte noch zwei Jahre Strafanträge stellen. Dann ließ ihn der Krebs einen schmerzvollen Tod erleiden.

Nach dem Prozeß war Janka wie ausgebrannt. Er fühlte überhaupt nichts mehr. Er war nur müde, legte sich auf die Pritsche und schlief sofort ein. Diesmal ohne Schlafmittel, die er so reichlich bekommen hatte und die immer das Gegenteil bewirkten. Er schlief lange und traumlos. Der Lärm auf dem Flur, das entsetzliche Hundegebell auf dem Hof, das Klopfen der Wachtposten an der Tür vermochten nicht, ihn aus dem Schlaf zu holen. Der Stablampenleutnant rüttelte ihn irgendwann wach. Und erst da bemerkte Janka, daß er sich nicht einmal entkleidet hatte. Auf der Tischplatte standen Schüsseln mit Suppe und Blechtöpfe mit Gerstenkaffee, dazu ein Berg Brotschnitten, die bei der Essensausgabe hereingegeben wurden. Wohl in der Annahme, daß der Verurteilte irgendwann Hunger bekommen würde. Wenn sie Janka nicht mit Gewalt aus dem Schlaf gerissen hätten, würde er noch lange geschlafen haben.

Der Leutnant kam nicht, um ihn zum Essen zu ermuntern. Er verlangte nur die Zivilkleider und alles, was Jankas Frau geschickt hatte. Dafür schmiß er eine Drillichhose, eine alte Jacke und grobe Unterwäsche auf die

Pritsche, die schon unzählige Häftlinge vorher getragen hatten. Stofflatschen und verfilzte, hundertmal gestopfte Socken lagen auf dem Boden. Das war die Ausrüstung für eine Reise in die nächsten Jahre. Drei Tage später wurde er nach Lichtenberg abgeschoben.

Nach Abschluß der Auseinandersetzungen im ZK der SED, die mit dem Ausschluß von Karl Schirdewan aus dem Politbüro, dem Selbstmord des Sekretärs im ZK, Gerhart Ziller, und der Absetzung Wollwebers, Minister für Staatssicherheit, endeten, begann auch für Janka ein neues Kapitel der Strafhaft. Am 7. Februar 1958 wurde er nach Bautzen abgeschoben. Bei strengem Frost, in Drillichhose, Jacke und Stofflatschen, in eine eiserne Kiste gezwängt, begann am frühen Morgen die Fahrt über vereiste Straßen. Unterwegs, im Gefängnis Luckau, stoppte der Transport einige Zeit. Durchgefroren, kreuzlahm, hungrig wurde das Sondergefängnis Bautzen am späten Nachmittag erreicht. Den Wachtposten, in Pelzmäntel gehüllt, mag die Fahrt nicht so beschwerlich gewesen sein. Wiederholt griffen sie zu ihren Vorräten. Und wie der Geruch des Proviants vermuten ließ, waren sie gut versorgt.

Obwohl Janka schon schlimme Dinge erlebt hatte, eine solche Fahrt war ihm nie zuvor zugemutet worden. Er empfand Scham darüber, daß solche Prozeduren im Sozialismus möglich sind.

Im ehemaligen Amtsgericht der Stadt Bautzen, eingebettet in das Straßenviereck Mättigstraße, Lessingstraße, Siegfried-Rädel-Straße und Taucherstraße, unweit der Maria-Marten-Kirche, auf der sich wieder ein vergoldeter Hahn im Winde dreht, wurde der Transport erwartet. Vom Schnee geblendet, den Rücken verkrampt, Beine und

Füße gefühllos, lief Janka durch das Spalier der Wärter. Sie müssen ihn für einen gefährlichen Verbrecher gehalten haben. Sonst hätten sie nicht so böse Gesichter gemacht.

Da Janka als letzter hereingeführt wurde, mußte er sofort auf einem Schemel Platz nehmen. Ohne ein Wort zu verlieren, winkte der Direktor einen Kalfaktor heran. Mit seinen Aufgaben vertraut, griff dieser mit der Linken in Jankas Haar, und mit der Schere in der Rechten, begann er den vorgeschriebenen Schnitt zu stutzen. Da er nicht kurz genug geschnitten hatte, bekam er die Weisung: «Kürzer!» Zum Schluß blieb eine Bürste. Wieder mußte Janka an die Jahre der Nazizeit denken. Immer beginnt es damit, die Köpfe zu verunstalten. Danach dirigierten ihn zwei Wärter die Treppe hinauf. Ins letzte Stockwerk des rechten Flügels. Die reservierte Zelle stand mit offener Tür bereit. Nachdem Janka eingetreten war, fiel die Tür ins Schloß.

Die Zelle starrte vor Schmutz. Die Fenster waren undurchsichtig. Jahrelang nicht geputzt. Wo er hinsah, Spinnweben. Das Klappbett, die muffige Matratze, das an der Wand befestigte Tisch- und Sitzbrett, alles mit dickem Staub bedeckt. Die Luft zum Ersticken. Das Atmen wurde schwer. Was tun? Wie sollte er in diesem Dreck überleben? Ihm wurde bange. Es lagen ja noch Jahre vor ihm.

Plötzlich wurde die Tür aufgerissen. Die Wärter traten zurück. Vor der offenen Tür stand drohend der Direktor. Neben ihm Staatsanwalt Jahnke. Ein paar Minuten sagte niemand etwas. Sie sahen Janka nur an. Ihre Blicke waren eiskalt. Schließlich richtete der Staatsanwalt das Wort an den Direktor: «Dieser Strafgefangene ist ein gefährlicher Intellektueller. Er hat die Partei verraten. Unseren Staat bekämpft. Er wollte die sozialistischen Errungenschaften rückgängig machen, wieder kapitalistische Verhältnisse einführen. Für die Dauer der Strafhaft ordne ich die härtesten Strafbedingungen an. Strenge Einzelhaft. Entzug aller Vergünstigungen.»

Nach dieser Rede trat er zurück. Der Oberleutnant nahm nun das Wort. Gleich mit scharfer Stimme sagte er: «Sie haben beim Öffnen der Tür die Fensterklappe zu schließen. Danach nehmen Sie unter dem Fenster Haltung an. Hände an der Hosennaht. Und dann machen Sie Meldung. Sie lautet: ‹Herr Oberleutnant, Zelle 305 mit einem Strafgefangenen belegt. Es meldet Strafgefangener Nr. 3/58. Handelt es sich um einen anderen Dienstgrad, haben Sie diesen zu benennen. Singen, Pfeifen, Sprechen sind verboten. Auch das Beschmieren der Wände. Ihren Namen dürfen Sie bei keiner Gelegenheit nennen. Hier sind Sie nur Nr. 3/58. Die Liege wird nur des Nachts benutzt. Zuwiderhandlungen werden bestraft.›»

Als Janka den Eindruck gewann, daß die Begräbnisreden beendet waren, weil niemand etwas hinzufügte, sagte er: «Sie würden mir einen Gefallen erweisen, wenn Sie einen Besen und einen Eimer mit Wasser hereingeben ließen. Ich möchte den reichlich vorhandenen Schmutz beseitigen.» Der Direktor fiel Janka ins Wort und schrie: «Wenn Sie das Wort an mich richten, haben Sie mit Herr Oberleutnant zu beginnen. Haltung anzunehmen. Merken Sie sich das!» Dann schlug die Tür geräuschvoll zu.

Gleich am ersten Tag stellte Janka fest, daß der Heizkörper kalt blieb. Nach ein paar Tagen machte er Meldung. Aber der Schließer nahm keine Kenntnis von seiner Meldung. Erst durch den Kalfaktor erfuhr er, daß sich Häftlinge beim Direktor melden müßten, wenn sie etwas vorzubringen hätten. Und das sei nur an jedem Montag beim ersten Öffnen der Zelle möglich. Auch wenn man sich zum Arzt meldete, mußte das am Montag geschehen. Auf die Frage: «Was ist, wenn ich am Dienstag Zahnschmerzen bekomme?» antwortete der Kalfaktor: «Dann hast du bis Montag zu warten. Mit oder ohne Zahnschmerzen.»

Das war schon so, als Janka in den dreißiger Jahren bei den Nazis in Bautzen gesessen hatte. Damals in der großen Haftanstalt. Am Rande der Stadt. Die Einwohner von Bautzen nennen sie «das gelbe Elend», weil alle Gebäude aus gelben Klinkersteinen gemauert sind. Und jeder folgert, daß das Leben in diesem riesigen Gefängnis elend sein muß.

Janka blieb nichts anderes übrig, als den nächsten Montag abzuwarten. Und wie es die Vorschrift besagte, meldete er sich zum Direktor. Es vergingen aber noch Tage, bis ihn der Direktor aufsuchte. Das war sonst nicht üblich. Die Häftlinge wurden in sein Direktionszimmer geführt. Warum für Janka von dieser Regel abgewichen wurde, konnte er nur vermuten. Wahrscheinlich sollte er die Zelle nicht verlassen. Dabei blieb es auch in den folgenden Jahren.

Der Oberleutnant wippte vor der geöffneten Tür, von zwei Wachtposten flankiert, dreimal auf seinen Stiefelspitzen. Dann sagte er: «Keine vier Wochen hier und schon Beschwerden.»

«So ist es, Herr Oberleutnant. Ich muß Sie darauf aufmerksam machen, daß die Zelle ungeheizt ist. In Anbetracht der Jahreszeit bitte ich darum, daß dieser Zustand abgestellt wird. Außerdem benötige ich eine zusätzliche Decke. Die Nächte sind zu kalt.»

Der Direktor trat in die Zelle, berührte das Dampfrohr, zeigte kein Erstaunen. Mit unverhohlener Ironie sagte er: «Zusätzliche Decken sind nicht erforderlich. Zwei Decken entsprechen der Vorschrift. Was die Heizung betrifft, werde ich sehen, was sich machen läßt.»

Da sie trotz wiederholter Beschwerde kalt blieb, fragte

Janka den Kalfaktor beim nächsten Rasieren, ob die anderen Zellen auch ungeheizt blieben.

«Nein. Viel Dampf geben sie nicht, aber es geht. Wenn es bei dir kalt ist, mußt du dich nicht wundern. Solange ich hier bin, kam in diesen Winkel noch nie Dampf. Vielleicht haben sie dich mit deinen Genossen gerade darum in diese Etage gesteckt. In den letzten Jahren wurde sie nämlich nicht mehr belegt.»

Das Leben in einer ungeheizten Zelle ist schwer zu beschreiben. Um sich eine Vorstellung zu machen, muß man es erlebt haben. Richtig erwärmen konnte sich Janka in der kalten Jahreszeit überhaupt nicht. Sooft er auch die fünf Schritt auf und ab ging, gymnastische Übungen machte, ihm wurde nicht warm. Wenn man das über Monate ertragen muß, keiner Beschäftigung nachgehen darf, kein Buch bekommt, verliert das Leben jeden Sinn. Es gehört viel Kraft dazu, es nicht selbst zu beenden.

Jede Gesellschaft wird auch danach beurteilt, wie sie ihre Gegner behandelt. Wie sie in den Gefängnissen verfährt, in denen bekanntlich nicht nur Verbrecher sitzen.

Die endlose Einsamkeit zwang Janka, darüber nachzudenken, ob er seiner Partei noch folgen kann, die ihn zu einem so unwürdigen Leben verurteilte. Bis er darauf Antworten fand, war ein langer Streit mit sich selbst auszutragen. Er begann, Gott und die Welt zu verfluchen. Nie zuvor, auch in der Nazizeit nicht, war er so verbittert wie in dieser elenden Zelle, in der er täglich vierundzwanzig Stunden über seine Vergangenheit und Zukunft nachdenken mußte. Er wollte und konnte nicht begreifen, warum sie ihn so behandelten. Er hätte es auch dann nicht begriffen, wenn er schuldig gewesen wäre. Tausend Fragen drängten sich ihm auf. Das ganze Gebäude seiner so fest gefügten Gedankenwelt brach in sich zusammen. Er stand vor einem wüsten Trümmerhaufen. Wie nach einem verlorenen Krieg. Aufgeben oder neu beginnen. Das war die Frage. Und sie blieb es bis zum letzten Tag.

Um neu zu beginnen, muß das Alte überwunden werden. Was nicht von selbst stürzt, muß man abtragen. Aber mit dem Abtragen allein ist es nicht getan. Man muß auch wissen, worin das Neue besteht, wie es besser zu machen ist. Heute glaubt Janka, daß dieses Nachdenken um das Was und Wie ihm die Kraft gab, diese Jahre durchzustehen. Was seine innere Haltung betrifft, sogar gefestigt daraus hervorgegangen zu sein. Wäre es anders gewesen, hätte er fortgehen müssen, als sich die Gefängnistore wieder öffneten. So wie es viele taten, die Ähnliches oder Schlimmeres erlebt hatten.

*Walter Janka mit Thomas und Katja Mann,
aufgenommen im Weimarer Nationaltheater 1955
anschließend an Manns Schiller-Rede*

Michael Rohrwasser*

WER IST WALTER JANKA?

Eine biographische Notiz

* Michael Rohrwasser ist Literaturwissenschaftler in Berlin.

Am 1. Mai dieses Jahres wurde Walter Janka in der DDR von Egon Krenz mit dem Vaterländischen Orden in Gold ausgezeichnet. Die Neugierde, wer dieser Ehre für würdig befunden wurde, wird von der SED nicht befriedigt; «Arbeiterveteran, Kleinmachnow» heißt die lapidare Kennzeichnung in *Neues Deutschland*. Auch in der Geschichtsschreibung des *Aufbau*-Verlags, dessen Leiter Janka war, ist nichts über ihn in Erfahrung zu bringen. Sein Lebenslauf liefert die Gründe für diese Sprödigkeit.

Walter Janka wurde am 29. April 1914 in Chemnitz geboren. «Du stammst aus einer wirklich proletarischen und dabei klassenbewußten und politisierten Familie», schreibt 1955 noch respektvoll der blaublütige Ludwig Renn (Arnold Friedrich Vieth von Golßenau) an seinen Verleger. Jankas ältester Bruder war der KPD-Reichstagsabgeordnete Albert Janka. (Er wurde am 17. April 1933 im Konzentrationslager Reichenbach ermordet.) Schon der Vater, der Werkzeugschlosser Adalbert Janka, war KPD-Mitglied. Walter Janka lernte in Chemnitz Schriftsetzer. Obwohl die politische Arbeit von früh an sein Leben bestimmte, liebte er seinen Beruf. 1933 war er politischer Leiter der kommunistischen Jugendverbände im Erzgebirge; im Juni 1933 wurde er aus der Illegalität heraus von der Gestapo verhaftet. Vom Sondergericht Sachsen erhielt er einenhalb Jahre Zuchthaus mit anschließender «Verwahrung» im Konzentrationslager. Untersuchungshaft in Chemnitz und Freiberg, Zuchthaus in Bautzen, im sogenannten «Gelben Elend». Im selben Gefängnis saß bereits sein Vater, dessen Gefängnisnachbar hieß Ludwig Renn. Im Sommer 1935 war Janka bereits in das Konzentrationslager Sachsenburg bei Chemnitz eingeliefert worden, als er von der SS abgeholt, an die tschechische Grenze gebracht und abgeschoben wurde. Als treuer «Parteisoldat» ließ er sich drei Monate später zurück ins «Deutsche Reich» schicken, zur illegalen Untergrundarbeit in Ostpreußen. «Ich denke nicht gerne an diese gefährlichen und völlig nutzlosen Unternehmungen zurück», sagt er im Gespräch. Im Oktober 1936 ging er mit einem tschechischen Paß und dem Tarnnamen Jan Krause über Paris nach Spanien, zuerst in die Interbrigaden, als Soldat im Thälmann-Bataillon. Drei Monate später kämpfte er in einem spanischen Bataillon und wurde kurze Zeit darauf jüngster Kommandant eines Bataillons der 27. Division, der sogenannten «Karl Marx Division», in der ursprünglich die freiwilligen spanischen Kommunisten kämpften. Janka war an fast allen großen Schlachten beteiligt: Madrid, Guadalajara, Jarama, Saragossa, Gandesa. Dreimal wurde er verwundet, darunter durch zwei Lungensteckschüsse. Im August 1937, nach der Schlacht bei Saragossa, wo er drei Tage lang von den eigenen Truppen abgeschnitten war und von den Franquisten schon als gefangen gemeldet wurde, schließlich aber entkam, wurde er zum Major der republikanischen Armee befördert. Janka war damals 23 Jahre alt. Nach dem Ende des Spanienkrieges sollte er in die Moskauer Militär-Akademie delegiert werden, widersetzte sich aber erfolgreich und blieb bei seinen Mannschaften. Mit ihnen erlebte er in Frankreich drei Jahre der Internierung, vom Februar 1939 bis 1941: in den Camps von St. Cyprien, Gurs, Vernet («dem schlimmsten der Lager») und in Les Milles.

Anfang August 1941 floh er zusammen mit dem Politbüromitglied Paul Merker und anderen aus Les Milles nach Marseille. Etwa zweieinhalb Monate lebte er dort in der Illegalität. In Marseille lernt er seine Lebensretterin und zukünftige Lebensgefährtin kennen: Charlotte Scholz. Sie brachte ihm im Auftrag der deutschen Widerstandsgruppe Geld und Lebensmittelkarten und besorgte ihm Quartier. Charlotte Scholz, im selben Jahr wie Janka geboren, war Berlinerin, 1933 für kurze Zeit inhaftiert und noch im selben Jahr mit dem Reichstagsabgeordneten Hans Schröter über den Bodensee ins Schweizer Exil gerudert. Sie gelangte von Schaffhausen über Basel nach Paris. Dort arbeitete sie in der Presse-Agentur der Nouvelles d'Allemagne, die von Bruno Frei geleitet wurde, und für Willi Münzenberg. Auch sie lebte 1941 in Marseille, nachdem sie nach ihrer Inhaftierung im April 1940 aus dem Frauen-Internierungslager Rieu Crox im Massif Central hatte entkommen können.

Die weitere, gemeinsame Exilroute von Charlotte und Walter Janka: Marseille, Oran, Casablanca, und mit der «Serpa Pinto» über die Azoren, Bermudas, St. Domingo und Havanna nach Mexiko. Am 20. Dezember 1941 landeten Charlotte und Walter Janka, zusammen mit Alexander Abusch und anderer KP-Prominenz, im mexikanischen Veracruz. Am 23. Dezember kamen sie an in Mexiko-Stadt. Beide waren an der Gründung der Bewegung «Freies Deutschland» beteiligt, an der Gründung der gleichnamigen Zeitschrift und des Verlags El Libro Libre, dessen Leiter dann Walter Janka wurde – er sprach nicht nur perfekt spanisch, sondern war auch gelernter Schriftsetzer (die mexikanische Buchdruckergewerkschaft ernannte ihn zu ihrem Ehrenmitglied). Fünf Jahre lang war er im Verlag (so Janka selbst) «das Mädchen für alles». Charlotte Janka arbeitete währenddessen als Einkäuferin und Werbechefin in einem französischen Pharma-Unternehmen; sie mußte das Geld zum Lebensunterhalt verdienen, da der Verlag kaum über finanzielle Mittel verfügte. El Libro Libre, 1942 gegründet, war der berühmteste und erfolgreichste Exil-Verlag auf dem amerikanischen Kontinent; Janka verlegte in den kommenden Jahren etwa dreißig Bücher, darunter so berühmte wie Anna Seghers' ‹Siebtes Kreuz›, Heinrich Manns ‹Lidice›, Ernst Sommers ‹Revolte der Heiligen› oder Egon Erwin Kischs ‹Entdeckungen in Mexiko›. Nach dem Ende des Krieges und der Abreise Paul Merkers führte Janka die Verlagsgeschäfte zu Ende und übernahm die Leitung der Exil-KPD-Gruppe in Mexiko. Er kehrte erst im Januar 1947, zusammen mit Charlotte Scholz und Ludwig Renn, zurück.

Die Heimkehrer waren auf sowjetische Schiffe angewiesen, denn für die normale Rückreise war ein US-Transit-Visum notwendig, das den Exil-KPD-Leuten in der Regel verweigert wurde. Da die Ostsee zugefroren war, führte die Rückreise über Murmansk und Moskau zum Schlesischen Bahnhof in Berlin. 1947 gehörte Janka als persönlicher Mitarbeiter von Paul Merker zum Apparat des Parteivorstandes der SED; er hatte Merker versprochen, ein Jahr lang diese Tätigkeit auszuüben. Danach wurde er Generaldirektor der DEFA.

Am 1. Februar 1951 wechselte er, nach dem Ausscheiden von Erich Wendt, über in den Aufbau-Verlag; Anfang 1952 übernahm er die Leitung des wohl bedeutendsten belletristischen Verlags der DDR. Für einen Bloch-Band ‹Wissen und Hoffen› und einen Verlags-Almanach schrieb er die Vorworte, aber damit ist Jankas Publikationssoll beinahe erfüllt (über jene Artikel, die seiner Anklageschrift beigefügt wurden, berichtet er in diesem Band). Er verstand sich als Organisator und Vermittler – in seinen

Jahren erschienen beispielsweise die Werksausgaben von Thomas und Heinrich Mann, von Arnold Zweig und Leonhard Frank, von Georg Lukács und Ernst Bloch.

Charlotte Scholz und Walter Janka heirateten 1947 in Berlin. Sie arbeitete nach 1947 in der Presseabteilung des Zentralvorstandes der SED als Fremdsprachenredakteurin und ab 1954 als Simultandolmetscherin. Ihre beiden Kinder André und Yvonne sind 1948 und 1950 geboren.

Am 6. Dezember 1956, nach dem Ungarnaufstand und nach der Verhaftung von Wolfgang Harich, wird Walter Janka unter der Anklage der konterrevolutionären Verschwörung gegen die Regierung Ulbricht verhaftet; in der Anklageschrift ist die Rede von einer «Harich-Janka-Gruppe». Die Untersuchungshaft durchstand Janka in den Bunkern des Staatssicherheitsgefängnisses in Hohenschönhausen.

Im Schauprozeß vom 23. bis 26. Juli 1957 in Ost-Berlin wurde ihm unter anderem vorgeworfen, er habe im Spätjahr 1956 «das Haupt der Konterrevolution», Georg Lukács, von Budapest nach Ost-Berlin schmuggeln wollen. Gemeinsam mit Heinz Zöger, dem ehemaligen Chefredakteur der Wochenzeitung *Sonntag*, dessen Stellvertreter Gustav Just und dem Rundfunkredakteur Richard Wolf (den Gerhart Eisler kurz zuvor von seinem Posten enthoben hatte, weil Wolf über Chruschtschows «Entstalinisierung» hatte berichten wollen) wurde er beschuldigt, «daß die Zielsetzung der Gruppe auf die Veränderung gesetzlich geschützter gesellschaftlicher Verhältnisse gerichtet war». Janka ließ sich zu keinem Geständnis erpressen, sein Anwalt plädierte mutig auf Freispruch. Janka hat seine Verweigerung mit einer Verurteilung zu fünf Jahren Zuchthaus, mit verschärfter Einzelhaft in Lichtenberg und dem Staatssicherheits-Gefängnis in Bautzen bezahlt. 1959 fiel er nicht, wie seine Mitangeklagten, unter das Amnestiegesetz zum zehnten Geburtstag der DDR.

In der Haft erkrankte er so schwer, daß Charlotte ihm ihre eigene lebensgefährliche Krankheit verschwieg. Sie durfte ihren Mann nur einmal im Jahr für zwei Stunden besuchen. Sie konnte sich während seiner Haftzeit den Lebensunterhalt durch Übersetzungen und Synchronisationen verdienen. Alfred Kantorowicz schrieb 1957, nach seiner Flucht in den Westen, im Wochenblatt *Die Zeit*: «Mein Spanienkamerad Walter Janka, der Leiter des *Aufbau*-Verlags, saß irgendwo an unbekanntem Ort – niemand durfte wissen wo – in einem Verlies der ‹Hilde›-Benjamin-Justiz, ohne sich ein Geständnis erpressen zu lassen.»

Das Schweigen und das Nichtwissen, das Nichtwissenwollen, haben lange angehalten. Nur bei Stefan Heym (der in seinem Roman ‹*Collin*› Janka als Havelka porträtierte), bei Hans Mayer (der im zweiten Band seiner ‹*Erinnerungen*› die These vertritt, daß Ulbricht zu Lebzeiten Brechts die Verhaftung Jankas nicht gewagt hätte) oder bei Gerhard Zwerenz stößt man auf Jankas Namen. Zwerenz schreibt in dem Band ‹*Ärgernisse*›: «Wer denn, wenn nicht wir, sollte nun endlich aufstehen und bezeugen, was geschehen ist und geschieht. Dieser Walter Janka ist schwerkrank. Dieser Walter Janka verhandelte, als er noch Leiter des *Aufbau*-Verlags war, mit so manchem bekannten Autor und Verleger. Wo sind diese Leute nun? Was unternahmen sie, unternehmen sie? Ist es ihnen so gleichgültig, daß ein Mann, mit dem sie eben noch Geschäfte abschlossen, dem sie ihre Bücher anvertrauten, von dem sie sich Honorare zahlen ließen, daß dieser Mann jetzt schwer lungenkrank (‹leberkrank›; M. R.) in seiner Zelle liegt?»

Am 23. Dezember 1960 wurde Walter Janka durch eine Verfügung Ulbrichts vorzeitig aus der Haft entlassen; eine Folge der anhaltenden Proteste, die vor allem von Jankas westlichen Autoren und Freunden kamen, etwa von Erika Mann, die bei Becher intervenierte und ihre Bereitschaft erklärte, für Janka die Hände «ins Feuer zu legen», von Katja Mann, die Chruschtschow persönlich schrieb, von Halldor Laxness, der sich an Wilhelm Pieck wandte und von Janka als seinem «einzigen Freund in Deutschland» sprach, von Leonhard Frank, Lion Feuchtwanger, Günter Weisenborn, Johannes von Günther und Hermann Hesse. Auch Hermann Kesten richtete seine Protestbriefe als PEN-Vorsitzender an Johannes R. Becher. In der DDR haben Erich und Katja Arendt, Arnold Zweig und Hanns Eisler versucht, Janka zu helfen.

Nach seiner Entlassung war Janka arbeitslos; demütigende Angebote, sich als Filmvorführer in der Provinz sein Brot zu verdienen, lehnte er ebenso ab wie lukrative Offerten aus dem Westen und lebte statt dessen von heimlichen Übersetzungen und Synchronisationen. Schließlich wurde er dank der Unterstützung früherer Autoren Dramaturg bei der DEFA. Martha Feuchtwanger und Katja Mann hatten die Vergabe von Verfilmungsrechten an Romanen mit der Bedingung verknüpft, daß Janka an der Realisierung der Filme beteiligt werden müsse. Zwölf Spielfilme sind unter Jankas Mitwirkung noch entstanden, darunter ‹Goya›, ‹Lotte in Weimar› und ‹Die Toten bleiben jung›. 1972, nach zehn Jahren Dramaturgie, wurde Walter Janka pensioniert. Die Rente als Verfolgter des Naziregimes war ihm zuvor mit seiner Verhaftung aberkannt worden. – Er erhielt sie erst ab 1972 wieder. In den letzten Jahren konnte

Janka sich in DDR-Publikationen wieder zu Wort melden; es waren vor allem Artikel, die das Thema des Spanischen Bürgerkriegs berührten (in «Film und Fernsehen» und in «Beiträge zur Geschichte der Arbeiterbewegung»). 1988 schließlich hielt Janka seine ersten Vorträge über Spanien und Mexiko in West-Berlin und in Frankfurt am Main.

Zum 1. Mai 1989, kurz nach seinem 75. Geburtstag, wurde Walter Janka mit dem Vaterländischen Verdienstorden in Gold ausgezeichnet, «in Würdigung hervorragender Verdienste beim Aufbau und bei der Entwicklung der sozialistischen Gesellschaftsordnung in der Deutschen Demokratischen Republik». Eine Rehabilitierung des zu Unrecht Verurteilten, wie Karl-Wilhelm Fricke (der zur selben Zeit wie Janka in einem DDR-Gefängnis einsaß) in einem Pressedienst folgerte? Mit keinem Wort wurde in *Neues Deutschland* oder anderswo Jankas Verurteilung erwähnt – die Ordensverleihung kann eher als ein Versuch gewertet werden, die Rehabilitierung des Mannes zu umgehen, das Eingeständnis eines Fehlurteils zu vermeiden und Janka zum Stillhalten zu verpflichten. Noch immer wird ihm ein Parteibuch, das seine Parteizugehörigkeit seit 1930 verzeichnet, oder auch eine Haftentschädigung verweigert. Als Fünfundsiebzigjähriger hat Janka eine Zeit des Schweigens beendet, die immer auch mit der vielleicht uneingestandenen Hoffnung verbunden war, aus dem Mund der Partei ein Wort der Rehabilitierung zu hören, eine Zurücknahme jenes Urteils, das ihn als Sträfling für über vier Jahre in eine winzige Gefängniszelle verbannte. Dieses Wort ist bislang nicht gesprochen worden, und Janka wendet sich nicht als Abtrünniger, sondern als einer, der an der sozialistischen Idee festhält, an die Öffentlichkeit, notgedrungen an die westliche – «viel lieber hätte ich das in *Sinn und Form* veröffentlicht».

rororo aktuell Essay
Herausgeber Ingke Brodersen · Freimut Duve

rororo aktuell
Essay 12135

«Der Anspruch auf körperliche Unversehrtheit, das Abhandensein von Folter, das Verbot entwürdigender Behandlung sind elementar, wie das tägliche Brot.
Auf dieses Gebot müssen weltweit alle Staaten verpflichtet sein. Der Mensch gehört nicht dem Staat. Der Mensch darf nie nur Mittel zum Zweck sein; es gibt kein Ziel, das Folter und Mord rechtfertigen könnte.»

«Wo in Deutschland über Kommunismus und westliche Demokratie gestritten wurde, hat die Leidenschaft nie, das Augenmaß oft, die Distanz fast immer gefehlt. In diesem Buch bemühe ich mich um eine Distanz, die dem Augenmaß zugute kommt, aber die Leidenschaft zügeln und zumindest unsichtbar machen soll.»

rororo aktuell
Essay 12470

C 2339/1

rororo aktuell Essay
Herausgeber Ingke Brodersen · Freimut Duve

«Die Kirche vergißt, daß sie sich zu einem Herrn bekennt, der als Aufrührer hingerichtet wurde. Der christliche Glaube ist so politisch, wie er persönlich ist. Er hat es mit dem Frieden der Staaten ebenso zu tun wie mit dem Frieden der Herzen. Denn er betrifft den ganzen Menschen. Wer ihn zu einem abgesonderten Lebensbezirk macht, verurteilt ihn zur Bedeutungslosigkeit.»

rororo aktuell
Essay 12136

«Kultur ist das eigentliche Leben. Sie liegt der Politik und Wirtschaft, dem Lokalen und dem Feuilleton zugrunde und verbindet sie. Kultur ist kein Vorbehaltsgut für Eingeweihte, sie ist vielmehr unser aller Lebensweise. Sie ist folglich auch die Substanz, um die es in der Politik geht.»

rororo aktuell
Essay 12249

C 2338/1

rororo aktuell Essay
Herausgeber Ingke Brodersen · Freimut Duve

«Babar der Elefant, Donald Duck oder der einsame Reiter — harmlos und unterhaltsam kommen sie daher, doch sie sind mächtige heimliche Erzieher. Sie lehren uns, wie wir Erfolg haben, wie wir lieben und wie wir einkaufen sollen. Wir lernen, wie man Vergangenheit vergißt und den Gedanken an die Zukunft unterdrückt. Vor allem aber bringen sie uns bei, niemals zu rebellieren.»

rororo aktuell
Essay 12384

«Ich werde mich auch bei der Annahme nicht aufhalten, alle Wasser könnten auf H_2O reduziert werden. Denn nicht allein die Art, wie eine Epoche mit Wasser und Raum umgeht, hat ihre Geschichte.»

rororo aktuell
Essay 12131

C 2341/1

Zeitgeschichte

Aufbrüche
Die Chronik der Republik (5929)

Glasnost
Stimmen zwischen Zweifel und Hoffnung.
Von Wolf Biermann, Václav Havel,
Jewgenij Jewtuschenko u. a. (12235)

«Ihr habt unseren Bruder ermordet»
Die Antwort der Brüder des Gerold
von Braunmühl an die RAF
Eine Dokumentation (12318)

Werner Hoffmann
Grundelemente der Wirtschaftsgesellschaft
Ein Leitfaden für Lehrende (1149)

Analysen
und
Lebensläufe

Herausgeber
Ingke Brodersen
Freimut Duve

aktuell rororo

C 2175/3 a

12168

5642